TEATRO

AUTORAS Y AUTORES
DE TEATRO

© AAT para esta edición
Edita: Autoras y Autores de Teatro
Diseño y maquetación: Isaac Juncos Cianca

Primera edición, 2025

ISBN: 978-84-96837-53-9
Depósito legal: M-19342-2025

Impreso en España / Printed in Spain

La AAT realiza sus actividades con la ayuda de:

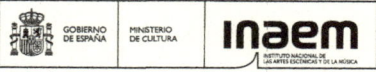

EL TAMAÑO NO IMPORTA 15

TEATRO BREVE JUVENIL

AUTORAS Y AUTORES
DE TEATRO

ÍNDICE

PAPELES

Dave Aidan

Una estación de autobuses. En el fondo se escucha el sonido de un par de buses que llegan y otros que se marchan. La estación está tranquila, casi vacía. JYMMY, *un joven de 17 años, acaba de salir del bus 512 con sus auriculares puestos, moviendo la cabeza al ritmo de la música. Está distraído, como cualquier adolescente. Dos* POLICÍAS *lo observan detenidamente, como si ya supieran lo que va a pasar.*

POLICÍA 1
¡Alto!

JYMMY sigue caminando sin darse cuenta.

POLICÍA 2
¡Alto, chaval! ¡Que te detengo!

JYMMY
(Sin quitarse los auriculares, casi cantando.) ¿Mande? ¿Me están hablando a mí?

POLICÍA 1
Si, tú, el de los cascos. ¡PAPELES!

JYMMY
¿El qué?

POLICÍA 2
¡PAPELES! Tu documentación. El NIE. La identificación. Pasaporte. ¿O no tienes?

JYMMY
¿Me están pidiendo los papeles? ¿A mí?

POLICÍA 1
Sí, claro. Es un procedimiento.

JYMMY
¡Chútica! Todos los días igual. Ya es la quinta vez en lo que llevamos de mes. ¿Acaso les voy yo pidiendo la placa a todos los *chapas* que veo? ¿Ustedes se creen que somos una papelería o una impresora? *¡Hablen serio pues!*

POLICÍA 2
No te me pongas chulo, chaval. Es solo un control rutinario. Nada personal.

POLICÍA 1
Ya has escuchado a mi compañero. No nos hagas perder el tiempo.

JYMMY
¿Control rutinario? ¿Así, en plena estación, sin más? ¿Y qué pasa si no tengo papeles? En serio, ¿a ustedes les pagan por hacer esto? ¿Tienen una paga extra por cada migrante que encuentren sin permiso de residencia?

POLICÍA 1
Chaval, solo queremos asegurarnos de que todo está en orden. Eso es todo.

Policía 2

No tenemos que darte explicaciones. Tú obedeces y punto. Así que enséñanos tus putos papeles.

Jymmy

¿En serio? ¿Acaso he hecho algo malo? ¿Qué, se creen que soy un *choro* o algo así? O sea, ¿de verdad me están pidiendo los papeles a mí? ¿En qué mundo vivimos? Como si no hubiera gente mucho más importante que controlar. ¿Qué pasa, que, porque soy joven, tengo la piel más oscura o porque vengo de un barrio que no les gusta ya me tengo que justificar por todo? Eso es lo que me molesta, que parece que ya me miran con cara de sospechoso antes de hablarme. Como si esta estación fuera un foco de *mugre* o algo así, como si todos los problemas del mundo se resolvieran preguntándome si tengo los papeles al día. Si yo fuera rubio, de ojos claros y con un acento más fino, seguro que ni se les ocurriría pedirme nada. Pero claro, eso no es lo que esperan, ¿verdad? Me miran y ya me catalogan. ¿Quién se creen que son para decidir quién puede andar por la calle sin ser interrogado y quién no? ¿Quién les ha dado el poder de decidir sobre mí solo por cómo me veo o de dónde vengo?

> *Pausa. Los* Policías *no responden. Se miran entre ellos. El* Policía 1 *hace el gesto de ir a coger su walkie-talkie. Se aparta un poco. Se siente la tensión en el aire.*

Policía 2

Te hemos estado vigilando y tienes una actitud sospechosa. Te lo estoy pidiendo por las buenas. No me toques los cojones. No es personal, créeme. Enséñame tus papeles o te vienes ahora mismo a prisión.

Policía 1

(Hablando al walkie-talkie.) ¡Unidad 24, necesitamos refuerzos

11

en la estación de autobuses! Estamos en una intervención con un individuo. Posible resistencia. No quiere enseñar sus papeles. Requerimos apoyo inmediato. ¡Repito, refuerzos en la estación, urgente!

JYMMY

¿En serio? ¿Van a llamar a sus colegas para que me detengan porque sí? ¿Les hace sentir poderosos estar pidiendo la documentación a los chavales que no le gustan? Porque, ¿sabe?, este rollo no es nuevo, *ñaño*. Lo llevo viviendo desde la primera vez que puse un pie en este país. Todos los días es lo mismo. «Dame los papeles». «Dame los papeles». «Dame los papeles». Si fuera por ustedes ya habrían deportado a todos los que tenemos cara de extranjeros. ¿No se cansan de estar haciendo todo el rato lo mismo?

POLICÍA 2

¡Me cago en todo, joder! ¡Deja de vacilarme! ¡Te estás pasando! No lo pongas más complicado.

POLICÍA 1

Unidad 24, el individuo de unos 17 años y extranjero se está poniendo cada vez más peligroso y agresivo. Lleva unos cascos que parecen robados y una mochila cargada. Puede contener objetos punzantes o peligrosos dentro de ella. ¡Repito, es urgente! ¡Llamen a todas las unidades cerca de la zona! ¡El individuo podría tener antecedentes!

JYMMY

¿Antecedentes? ¿A qué se refiere? ¿De qué habla? Yo no tengo antecedentes. Lo que tengo es una paciencia que se me está agotando, porque siempre me están pidiendo los papeles. ¿Qué pasa, que sólo los blancos pueden estar tranquilos en este país?

El POLICÍA 2 *saca su porra y amenaza a* JYMMY.

POLICÍA 2

¡Se acabó! ¡Deja tu mochila en el suelo! ¡Quítate los cascos y contra la pared!

JYMMY

¡Fresco no más!

POLICÍA 1

¡Aquí unidad 10 a todas las unidades cerca de la estación! ¡El individuo habla de una forma muy rara! ¡Viste de forma extraña y su rostro cada vez es más extraño! ¡No entiendo algunas de sus palabras! ¡Tiene un acento raro! ¡Cada vez se está poniendo más agresivo! ¡Se le nota un bulto en los bolsillos que podría ser un arma blanca! ¡Necesitamos los refuerzos ya!

JYMMY

¡Qué bestia, ñaño! ¿Ahora soy una amenaza porque tengo acento? Porque mi ropa no te gusta o porque soy joven. ¿Soy un peligro solo por existir en tu espacio? Y usted, ¿quién se cree? ¿Un Dios de la ley o qué?

El POLICÍA 1 *hablando con nerviosismo al walkie-talkie, empieza a moverse de manera extraña, dando vueltas sobre sí mismo. Mientras el* POLICÍA 2 *comienza a mover la porra de una manera robótica y automática. Intenta avanzar hacia* JYMMY, *pero se queda bloqueado.*

POLICÍA 1

Unidad 24, el individuo está... mutando. Su comportamiento es... irregular. Está cambiando... su cuerpo, su actitud... Ya no se ve humano. Necesito refuerzos de inmediato, repito, ¡refuerzos!

POLICÍA 2
¡PAPELES! ¡PAPELES! ¡PAPELES!

JYMMY, *mirando a los* POLICÍAS *como si los viera por primera vez, con una mezcla de incredulidad y desdén.*

JYMMY
¿Mutando? ¿De qué habla, viejo? ¿Se cree que soy *cojudo*? ¿Cree que soy un alienígena? Se está inventando todo esto porque no sabe qué hacer con su aburrida vida y, de paso, se cree más listo que todo el mundo. ¿Saben qué? A la *verga* los papeles. ¡A ver qué pasa si no los tengo!

JYMMY *tira la mochila al suelo con fuerza, los cascos saltan de su cabeza y empiezan a bailar al ritmo de una música imposible de oír. Los* POLICÍAS *comienzan a parecer menos humanos. Sus rostros se distorsionan, sus uniformes parecen desvanecerse en manchas negras y rojas, como si fueran unas caricaturas en el proceso de desintegrarse. El* POLICÍA 1, *ahora con una voz más grave, que apenas se entiende, empieza a girar en círculos, cada vez más descoordinado. Habla entre susurros distorsionados. El* POLICÍA 2 *da porrazos contra el suelo.*

POLICÍA 1
No... puede ser... ¿quién eres tú, en realidad? ¿Qué estás... haciendo?

POLICÍA 2
¡PAPELES! ¡PAPELES! ¡PAPELES!

JYMMY *se acerca al policía, que parece desconcertado, saca su cartera y le muestra el DNI.*

JYMMY
¿Se dan cuenta de lo que están haciendo? Están persiguiendo

fantasmas, ¿no ven que el verdadero control es el que les tienen puesto a ustedes?

El POLICÍA 1, *mientras gira de manera más errática, empieza a desvanecerse. Su voz se apaga lentamente. El* POLICÍA 2 *se desvanece en el suelo.* JYMMY, *con una mirada decidida y serena, da un paso atrás, recogiendo su mochila.*

JYMMY
Se los dije. No son mis papeles los que tienen que controlar. Son sus propios demonios.

JYMMY *se coloca nuevamente los auriculares y se aleja. Los sonidos de los autobuses se mezclan con una música que ya no suena de forma normal, creando una atmósfera surrealista, casi onírica.*

A LAS 5

Tony Casla

EsE (S) *es una chica de dieciocho años que vive en el extrarra-dio de una gran ciudad.* HACHE (H) *es su novio. Tiene vein-tidós.*

A LAS 2:55PM

WhatsApp.

S

Hache, tenemos que hablar.

H

¿Por qué? ¿Qué pasa?

S

Nada. Solo quiero que hablemos.

H

¿Me vas a dejar? ¿Es eso?

S

Nos vemos a las cinco en el banco del cine.

A LAS 5 PM

WhatsApp.

H

¿Dónde estás? Llevo cinco minutos esperando.

S

Estoy llegando.

En el banco que está afuera del cine está Hache sentado. Llega Ese.

H

¿Por qué llegas a estas horas? *(Cambiando el tono.)* Me estaba preocupando tanto, cariño. Creía que te había pasado algo.

S

¿Qué me va a pasar? Estoy aquí.

H

Joder, ¡qué borde! Con lo mal que estoy hoy. No puedes imaginar lo que me ha pasado, nena.

S

¿Qué es lo que ha pasado hoy?

H

Lo de siempre, el trabajo. Menos mal que te tengo a ti que siempre me entiendes. Eres la mejor persona que tengo en mi vida. Soy un desgraciado… *(La abraza.)* ¿Para qué querías que quedáramos?

S

Siéntate. Hache…

Silencio.

H

¡Habla! ¿Qué pasa, joder?

S

Creo que no me tratas bien.

H

¿Por qué tiemblas, amor? Ves como tienes brotes de neurosis… ¿Has mirado lo del *coaching* ese de pasear y desconectar? Cállate. Es igual. No hables ahora. Respira. *(Pausa.)* Me da tanta pena verte así… Con la boca seca… ¿Tú te das cuenta de que te amo profundamente? Te amo tanto que me dan igual tus brotes, tus estallidos de ira, tus espasmos y tus miedos… Yo siempre te voy a proteger. Te lo juro, princesita mía.

S

Yo no sé si sigo queriéndote.

H

¡Eso no se dice! No vuelvas a decirme eso, ¿me oyes? Una cosa es que aguante tus mierdas de puta loca y otra es que me humilles cuando te da la gana. ¡Zumbada! ¡Que eres una zumbada!

S

No puedo más. Hache, no puedo más.

H

¿No puedes más, de qué? ¿Estás otra vez con crisis de ansiedad de esa? ¡Pues dímelo, joder! Dime, mira, soy una inestable y tengo crisis de ansiedad… ¿Me ayudas? Y yo, que te quiero más que a nadie y que tengo el cielo ganado por aguantarte cinco putos años todas tus mierdas, pues te digo, vale niña, vamos otra vez al ambulatorio a que te den algo… Pero si no me lo dices, ¡cómo me voy a enterar!

S

No quiero que vengas conmigo a ningún lado. No quiero que estés conmigo nunca más.

H

Mi vida… me estás asustando. Mírame… ¡Que me mires, te digo, hostia! Vamos a ver… estás enfermita hoy y se te está yendo la cabeza. Luego me vienes llorando y pidiendo perdón… ¡y yo ya estoy hasta los cojones! ¿Por qué te vas? ¿Quieres irte?

S

Sí.

H

¡Vete! Pero ni se te ocurra venirme después como una perra lloriqueando porque yo sí que no puedo más…

S se va.

H

¿Dónde te crees que vas? ¿Te has liado con otro? Es eso, ¿no?

Silencio.

H

¡Que puta zorra eres! ¿Quién es? ¡Que me digas quién es que voy y lo mato!

S

No estoy con nadie. Adiós, Hache.

A LAS 5AM

WhatsApp.

H

Te amo, mi princesa. Te amo más que a nadie en el mundo. Mi loquita preferida. Estoy destrozado. Si no puedo vivir contigo me muero. ¿Quieres eso?

A LAS 5:35AM

Instagram.

@hache2009

¿Duermes? Yo no puedo dormir. Porque te amo. Me he dado cuenta de que eres el amor de mi vida y me gustaría casarme contigo. ¿Quieres?

A LAS 6:05AM

WhatsApp.

H

¡Despiértate ya!, ¿no? Joder, tía. ¡Cómo duermes! ¿Vas a contestarme o vas a ir en plan de víctima ahora?
Eooooo
Eooooo
Eooooo
Eooooo
Eres una guarra. Seguro que estás con él y no me lo dices porque eres una sinvergüenza. Si lo hiciera yo, como soy un tío, sería un hijo de puta… pero, claro, como lo haces tú que estás empoderada hay que darte una palmadita en la espalda… ¡Qué puto asco, tía!
Contestaaaaaaa

Contestaaaaaaa
Bah, que te den, niñata.

A LAS 12:25

WhatsApp.

H

Creo que tengo alguna enfermedad chunga o algo. Me va a estallar la cabeza. Acompáñame al hospital, anda. Venga, que te perdono.

A LAS 5PM

WhatsApp.

H

Me han dado una mala noticia. Te necesito. ¿Podemos vernos y te lo cuento? Quizá te libres de mí antes de lo que piensas.

A LAS 5:05PM

WhatsApp.

H

(Audio.) Hola, mi amor. Sé que me he portado muy mal porque no he entendido tu última crisis. Pero tenía unos dolores muy fuertes de cabeza y estaba insoportable. Me han hecho muchas pruebas y lo que me ha dicho el médico es tope de *semado*… muy fuerte, tía… Necesito llorar y contártelo. Voy para tu casa, ¿vale, mi princesita?

S

No vengas. No estoy en casa.

H

¿Con quién estás?

S

Con mi padre.

H

Estás con ese, ¿no? ¿Dónde?

S

Lejos.

H

Eres una puta rata. Has caído en mi trampa. Menos mal que soy inteligente y sé cuándo me mientes y cuándo no. ¿Creías que no me enteraría nunca de que eres una guarra?

S

Adiós, Hache.

S ha bloqueado a HACHE

A LAS 05AM

H

¡Abre la puerta, Ese! ¡Que abras la puerta, joder!

PADRE DE S
¿Qué haces aquí, Hache?

H

Tu hija no quiere hablar conmigo. *(Llora.)*

PADRE DE S
Venga, Hache. Estás bebido. Vete a casa y mañana habláis. Ya sabes cómo es ella de testaruda.

H

Tú sabes lo que yo la quiero. Tú lo sabes. Yo creo que está con otro y me ha dejado tirado como un puto perro.

PADRE DE S

Vete a casa. Hoy todo lo ves negativo.

H

No puedo vivir sin ella. Díselo, por favor. *(Abraza al* PADRE.*)*

> H *se va.*
> *Dentro de casa.*

PADRE DE S

Pobre chaval, Ese. ¿No te da lástima? Llorando estaba como un bebé.

S

¿Tú qué sabrás? Encima, apoyándolo. Lástima me das tú que eres incapaz de ver por lo que está pasando tu hija.

PADRE DE S

Ese carácter solo te va a traer problemas. A ver si dejas la chulería a un lado y te haces valer como una mujer de verdad.

> *El* PADRE *sale un momento.*

S

Eso es lo que voy a hacer. Hacerme valer de una vez. Porque estoy hasta las narices. ¿Quién está en el puto instituto y trabajando a la vez? ¿Quién te paga las cervezas que te bebes? Porque la paguita que tienes no te da para todas las que te metes, ¿verdad que no? Todo el santo día hablando mal de mamá. Pero ¿tú te ves? Hazte valer tú,

¿no eres tan fuerte? ¿No sois tan fuertes los tíos? Sois unas víctimas lloricas. ¡Mira cómo tengo los dedos de limpiar! Pero la lástima te la da Hache, que me trata como una puta mierda.

H

Yo te amo, Ese.

S

¿Y tú qué mierdas haces en mi casa? ¡Que me dejes vivir! ¡Que me dejéis en paz! Yo valgo la pena, ¿me oís? No sé cuánto, pero valgo la pena. Mucho más de lo que vosotros dos pensáis. No soy una mierda.

H

Eres la mejor.

S

Deja tu puto personaje delante de mi padre. A mí no me engañas más, Hache. Se acabó. Vete de mi casa.

PADRE DE S

Ese, hija. Solo ha venido a pedirte perdón.

S

¿A pedirme perdón, por qué? ¿Quieres saberlo, papá? ¿Por esto? (*Se levanta el jersey y se aprecian moretones en su cuerpo.*) ¿Esto es lo que necesitabas ver porque tú eres incapaz de verlo?

HACHE *se va corriendo.*
El PADRE *de* ESE, *en shock, se sienta en el sofá.*

S

Pues esto es solo lo que se ve, papá. Lo que no se ve es peor.

A LAS 05AM

Audio de WhatsApp.

S

Papá, me voy. No quiero decirte dónde. Ya lo sabrás, no te preocupes. Estaré bien. Escúchame. Busca trabajo, sal, diviértete... Eres joven. Mamá ya no volverá a casa. Lo mejor para los dos es que estemos solos un tiempo. Hache me da miedo, papá. Te quiero.

Megafonía.

AZAFATA DE TIERRA

El vuelo con salida a las 5:00 está listo para su embarque. Por favor, tengan preparadas sus tarjetas de embarque junto a su carné de identidad.

S *ha bloqueado a* PAPÁ.

GERANIOS

Nieve Castro

ADELAIDA y ANA pasean por un jardín donde los asperso-
res hacen de tocadiscos y los geranios alicaídos por el sol son
un decorado rojo apagado. ANA empuja la silla de ruedas de
ADELAIDA, no hablan. El crepitar de los aspersores y las
aves invasoras dialogan en esta tarde de abril triste. Ellas
callan. El móvil de ANA suena una vez. El aspersor puntua-
liza. Llega un mensaje. El ave grazna. Vuelve a sonar el
teléfono. ADELAIDA corta a la cotorra.

ADELAIDA
¿Por qué estás aquí?

ANA
¿Aquí? ¿A qué se refiere?

ADELAIDA
En el club este de viejos sin familia.

ANA
Claro que tienen familia, pero supongo que no la pueden
atender igual de bien que quisieran.

ADELAIDA

Sí, reina, lo que tu digas. Tengo 87 años y he parido dos trastos que miden ya un «metrochenta», dos tíos como un trinquete. Dos «metrosochenta» que se dedican a no se qué y que nunca tienen tiempo para nada. La teoría me la sé, la práctica también.

(Silencio incómodo.)

Dime, chiquilla, ¿por qué estás aquí? ¿Quién te ha obligado a estar aquí? ¿Es un voluntariado de esos religiosos? ¿Del colegio? Un castigo para que aprendas cosas, ¿no? Eso lo hacen mucho, ¿verdad? En mi época también. Nos castigaban de otra manera, con menos psicología, pero a veces creo que con la misma violencia.

(Silencio.)

Dime, ¿qué haces una tarde de primavera perdiendo tu tiempo con esta vieja?

Suena de nuevo el móvil.

ANA

Es mi madre.

ADELAIDA

Si es que con la máquina esa ahora se tiene controlado a todo el mundo en un *pispás*, pero después cuando no quieres contestar, todo el mundo tiene la excusa perfecta para decir «necesitaba desconectar», «tenía muchos mensajes», «es que no paro» o «es que prefería llamarte». ¡MENTIRA! ¡UNA PUÑETERA MENTIRA!

(ADELAIDA se calma y se recompone.)

Seguramente tu madre está preocupada por ti y por eso te escribe tanto. Seguro que estás «en raya» todo el día sin contestarle.

ANA

En línea, se dice en línea.

ADELAIDA

En raya, en línea o en *líneo*. Lo que hay que hacer es hablar más de verdad, respirar más aire y mirar las flores de cerca un poquito más, no por una pantalla. *(Mirando el geranio casi quemado.)* ¡Este sol va a acabar antes conmigo que esta enfermedad! ¡Qué calor, chiquilla! Es que me quitaba el bambito y me ponía en bragas debajo del aspersor a que me diera el fresquito y me mojara este «roete» blanco que mi difunta madre me dio.

ANA *ríe.*

ADELAIDA

¿Te hace gracia? Tú seguro que tienes piscina y esas cosas. Tienes cara de persona con piscina. Mis hijos también tienen, me las han enseñado en fotos.

(Suena el móvil.)

Nada, que no contestas, ¿no? Chiquilla, contéstale a tu madre.

ANA

(Con un aire contrariado.) No es mi madre. Son mis compañeras de clase. Es por un trabajo que estamos haciendo que no se ponen de acuerdo. Yo paso, yo ya he hecho mi parte.

ADELAIDA

Pues muy bien, ¡a tomar por saco! Dí que sí. Pero a tu madre le contestas eh, no te conviertas en una niña chocante de esas que ponen mala cara y no contestan cuando se les preguntan.

ANA

Mi madre ya no me escribe.

Silencio incómodo.

ADELAIDA

Vaya... Lo siento, seguro que ahora está en un lugar mejor.

ANA

Sí, en la oficina seguramente. No ha muerto, tan solo es que vive para el trabajo y olvidó hace unos años que tiene una hija. Mi madre mide menos que los «metrochenta» de sus hijos, pero seguramente trabaje el doble que ellos. Y sí, tenemos piscina. Con césped y con flores. El jardinero viene a regarlas dos veces a la semana. No están mustias como estas, pero el sitio me parece más triste que este. Mi padre no existe. Mi madre me dijo que murió, yo sé que nunca existió. Vamos, sé que existe un hombre con melena larga que sale en una foto de mi madre embarazada. Están abrazados, sonríen. La encontré hace meses en un cajón. Ese hombre existe, pero supongo que se largó cuando nací. Mi madre me dijo que murió en un accidente de coche. No pregunté más.

ADELAIDA *está patidifusa, se acalora*

ADELAIDA

¡Vaya, chiquilla! ¡Qué novela!

ANA

La vida. Mi madre casi no vive en casa, llevo desde los cuatro años quedándome con mi abuela, con Rita o con mi tía Amparo. Toda mi vida cuidada por mujeres que no eran mi madre. Rita, después de muchos años, ha conseguido volver a su país. La echo de menos, pero me alegro, ha vuelto con su hija. Mi tía Amparo se mudó con mi tío Nicolás a Madrid y mi abuela Auxi murió hace dos semanas.

ADELAIDA

Lo siento mucho, niña.

ANA

Gracias. Por eso estoy aquí. Quizás es una tontería, pero la semana pasada pasé por aquí y la vi parada en la silla mirando las flores. Tiene un roete parecido al de mi abuela, y no sé… Entré y pregunté si podía hacer visitas y estas cosas de voluntariado. Así que bueno, no estoy aquí por mi madre realmente, ¿o sí? No sé, estoy aquí por mi abuela supongo.

ADELAIDA

¡Virgen de los Remedios! Chiquilla, qué de cosas pasan en ese cuerpecito tan mindundi.

ANA

Ya ves…

ADELAIDA

¿Tu madre sabe que vienes?

ANA

¿Te imaginas? No lo sabe nadie. Ni mis amigas. Están insistiendo tela para vernos hoy. A mí no me apetece, no tengo ganas. Estaba viendo qué excusa ponía.

ADELAIDA
¿Y por qué no les dices que no te apetece y punto?

ANA
Uf, qué va, la gente no entiende eso. Se creen que es por ellas y eso. Y no es así… Mis amigas molan. Es por mí… no sé, no me apetece.

ADELAIDA
Pues ya está.

ANA
Pues ya está.

> *Se han parado.* ANA *se sienta en un banco al lado de* ADELAIDA.

ADELAIDA
¿Y yo que soy ahora tu terapia?

ANA
No, eres mi abuela.

ADELAIDA
No cariño, yo no soy tu abuela.

ANA
¿Qué más te da?

ADELAIDA
Bueno, me da. Yo no sé cómo eres tú de nieta.

ANA
Soy guay, me porto guay, saco buenas notas, veo las novelas, ordeno el cuarto y doy besitos de buenas noches.

ADELAIDA
O sea que eres empalagosa.

ANA
¿Empalagosa?

ADELAIDA
Sí, no sé... Es que no me fío de las niñas que quieren
tener abuela.

ANA
¿Tienes nietos?

ADELAIDA
No.

ANA
Pues entonces ¿qué sabes de lo que es ser nietx?

ADELAIDA
¿Qué has dicho?

ANA
Uf, eso mejor te lo explico otro día. No tengo porqué lla-
marte abuela, te puedo llamar Adelaida y ya está. O Deli,
Adela...

ADELAIDA
Adelaida está bien.

ANA
Pues ya está. Yo vengo, paseamos, nos contamos cosas y
nos hacemos compañía. Total en casa no hay nadie y me
aburro.

ADELAIDA

¿Y cuando dejes de venir?

ANA

No voy a dejar de venir.

ADELAIDA

Vas a dejar de venir. Crecerás y empezarás a medir más de un metro ochenta y dejarás de venir y me mandarás fotos de las flores que el jardinero ha arreglado en tu casa.

(Silencio fúnebre.)

Mira chiquilla, tan solo estás enfadada con tu madre. No te enfades con ella. Enfádate con el mundo si quieres, pero no te enfades con ella. Enfádate con este mundo que no nos permite pararnos y que separa a los seres queridos por horarios de trabajo infernales. Siéntate con ella en el jardín de tu casa, a la hora que sea. Y dile: mamá, te echo de menos. Me gustaría que estuvieras aquí, que me contaras tu día y yo contarte quién soy, qué hago, qué quiero hacer con mi vida, qué no quiero hacer, contarte de mis amigas que molan y de las mujeres que se parecen a abuela y me recuerdan que te necesito. Siéntate con ella y dile que la oficina no se derrumbará. Que la primavera está calentita y llena de flores que huelen bien. Dile que miréis las flores de cerca.

Silencio. ANA *está llorando.*

ANA

¿Y si no me escucha?

ADELAIDA

Sí, te escuchará.

ANA
  ¿Y si nada cambia?

ADELAIDA
  Si nada cambia, vente a verme cada semana hasta que
  todo cambie.

ANA
  ¿Estás segura?

ADELAIDA
  ¿De qué?

ANA
  De que no eres mi abuela.

  Ríen. Suena el móvil.

ADELAIDA
  Y a tus amigas, diles que no es el momento, pero que las
  quieres un montón.

ANA
  Gracias, Adelaida.

ADELAIDA
  De gracias nada. Ahora tú me vas a ayudar. ¿Ves ese
  aspersor? Pues me vas a llevar la silla hasta esa catarata
  de mentira y voy a acabar con este calor que me está
  matando.

  *ANA mira alrededor y como quien comete el mayor de los
  crímenes, mueve la silla hasta el aspersor, ADELAIDA se
  quita al bambito de flores rojas y su cuerpo eterno es rociado
  con el agua bendita del aspersor.*

ADELAIDA

Déjame aquí hasta que me pillen. Espero no verte más. *(Sonríe.)* Todo va a cambiar, ya verás, Ana.

FILOCUCARACHAS

Nani de Julián

1

Tres adultos, una mujer y dos hombres, están reunidos alrededor de una mesa. Sobre ella, una caja rectangular con su parte superior abierta, a la que se asoman expectantes para observar su contenido.

2

Aula de un instituto, 4º de la ESO. ELENA *entra y cierra la puerta.*

ELENA
Me han dicho que el de biología está enfermo y que no hay ningún profesor de guardia disponible. Que nos quedemos aquí hasta la siguiente hora.

MARIO
(Ojeando su móvil.) Esto es un sueño hecho realidad: una clase sin profesor.

LUCAS
Esto me huele raro. Nunca nos han dejado solos...

MARIO
Ya estás con las conspiparanoias…

LUCAS
Apuesto a que es un experimento social del instituto. Seguro que nos están grabando…

SANDRA
(Sin levantar la vista del libro que está leyendo.) O igual simplemente han olvidado que existimos. Recordad que les importamos una mierda…

NACHO
Hacen una clase con los más cazurros y luego nos abandonan. No es mala estrategia.

ELENA
Algo no está bien…

> CLARA, *inquieta, se frota el brazo. Parece molesta.*

CLARA
(Alarmada.) Me pica mucho…

JAVI
(Sacando el móvil.) Si es algo raro, avisa, que grabo.

> CLARA *se remanga. Su piel ha cambiado de textura, se ha oscurecido y endurecido. Sus dedos parecen alargarse y sus uñas toman una forma extraña.*

MARIO
¡Puaj! ¿Qué demonios es eso?

LUCAS
¡Os lo dije! ¡Están experimentando con nosotros!

SANDRA
Lucas, ¿te importaría no decir gilipolleces?

NACHO
(Apartándose.) ¡Clara, tía, eso no es normal!

SANDRA
A ver, tranquilicémonos... Clara, ¿te duele?

CLARA
No... Pero siento que mi cuerpo está cambiando…

JAVI
(Apuntando con el móvil a CLARA.) ¡Esto es oro puro para TikTok!

ELENA
¡No es un espectáculo, Javi!

> CLARA *se tambalea. Su espalda se deforma bajo la ropa, como si algo brotara de ella.*

MARIO
(Agarrando la puerta.) ¡Hay que salir de aquí! No... no se abre. ¡No se abre!

LUCAS
(Sacando su móvil.) No tengo señal... ¿Alguien tiene? ¡Tenemos que pedir ayuda!

> *Todos sacan sus móviles. Derrotados, niegan en silencio.*

LUCAS
Nos han aislado…

SANDRA

No puede ser una coincidencia... ¡La profesora de Literatura! Nos dijo que teníamos que leer *La metamorfosis*... Dijo que iba de un hombre que se convertía en cucaracha o algo de eso... ¡Ha sido ella!

LUCAS

¿Alguien ha leído ese libro? ¡Tenemos que saber lo que pasa!

Todos miran a SANDRA.

SANDRA

Yo leo lo que me gusta, no lo que me mandan.

NACHO

Qué fuerte la de Literatura... Lectura inmersiva nivel pesadilla.

LUCAS

El de Biología no viene porque está enfermo... La de Literatura nos mandó la novela rara esa... Solo falta que también esté pringado el de Filosofía... Lo que yo os digo. ¡Un complot!

CLARA gime. Sus piernas también empiezan a cambiar. ELENA, en un impulso, se quita su sudadera y trata de cubrir a CLARA.

ELENA

No importa lo que le esté pasando. No la vamos a dejar sola.

Se miran entre ellos. Algunos dan un paso atrás. Otros, como SANDRA y ELENA, se quedan junto a CLARA. MARIO sigue golpeando la puerta.

LUCAS
Esto no ha hecho más que empezar...

3

CLARA *ya está casi completamente transformada. Su cuerpo es ahora insectoide, su espalda está cubierta por un caparazón oscuro. Los demás la observan, horrorizados.*

MARIO
Esto no puede estar pasando...

SANDRA
Hay que buscar una solución.

LUCAS
¡No hay solución!

JAVI, *que ha seguido grabando todo, de repente suelta el móvil. Sus manos tiemblan. Observa sus dedos: también empiezan a alargarse y oscurecerse.*

JAVI
¡No, no, no! ¡A mí no!

NACHO
¡Mierda! Se está extendiendo...

Silencio. JAVI *se agacha, su cuerpo empieza a contraerse y su piel se endurece.* ELENA, *que lo observa, siente un escalofrío en la espalda. Se toca la nuca y percibe algo duro formándose bajo la piel.*

ELENA
Yo también...

MARIO

¡Nos estamos transformando todos! ¡TODOS!

La clase entra en caos. Uno a uno, todos comienzan a sentir los cambios: piernas endureciéndose, antenas emergiendo de sus frentes, mandíbulas afilándose. SANDRA intenta razonar, pero su voz se ahoga en el pánico colectivo.

CLARA

Tranquilos... No es el fin... Es un nuevo comienzo.

Se miran entre sí. Sus cuerpos ya no son humanos, las últimas transformaciones se están completando. Respiran hondo. Se adaptan. Se entienden.

4

Ya no hay rastro de los alumnos humanos. En su lugar, un grupo de cucarachas gigantes se mueve con sorprendente coordinación. Sus movimientos son ágiles, casi elegantes. Han aceptado su nueva forma. Han evolucionado. Ahora su lenguaje es refinado, su pensamiento elevado. Discuten sobre su futuro, sobre el destino del mundo. Son las y los nuevos filósofos de la existencia: Filocucarachas.

CLARA

El mundo tal como lo conocimos está condenado. Las civilizaciones humanas han erigido su propia ruina. ¿No es lógico que nos convirtamos en sus sucesores naturales?

NACHO

Parecía que iban a ser las inteligencias artificiales... Pero no cuajó. No consiguieron ser orgánicas en una realidad donde impera la materia física... Una vez más, la biología aplastando el constructo intelectual...

SANDRA

Somos la respuesta a siglos de abuso del planeta. Los humanos desaparecen, pero nosotros persistimos. Somos la especie definitiva.

MARIO

¿Y qué nos hace pensar, queridas y queridos, que seremos diferentes? ¿Creéis que no estamos predestinados a cometer sus mismos errores? ¿Acaso conocerlos nos asegura esquivarlos?

LUCAS

No somos humanos, Mario. No estamos atados a sus debilidades. Nuestro instinto nos guía para sobrevivir, pero es que ahora además tenemos conciencia. ¡Somos los herederos del pensamiento y la supervivencia!

ELENA

Y si es así... ¿Cómo construiremos nuestro mundo? ¿Nos organizaremos como lo hicieron ellos, con jerarquías, con líderes?

NACHO

Lo primero que deberíamos decidir es si nos organizamos en una monarquía absoluta con una cucaracha reina o probamos con una democracia parlamentaria insectil. O tal vez una sofocracia... O también podríamos erigir una aristocracia intelectual... Cualquier cosa antes que repetir una sociedad dominada por mediocres, agenésica, incapaz de crear nada, de variar un ápice su rumbo porque solo está firmemente capacitada para obedecer ciegamente el camino que le han marcado independientemente de lo que tenga delante. ¿No creéis, queridas y queridos?

JAVI

No necesitamos un líder. La historia humana está llena de figuras que prometieron el orden y trajeron la ruina. Debemos ser una mente colmena, la suma de todos, una comunidad sin distinciones ni poder centralizado.

CLARA

La anarquía no es viable. Las especies que sobreviven no lo hacen porque sean las más fuertes, sino porque saben cooperar y ayudarse. Debemos estructurar nuestra sociedad, pero sin repetir los errores de los humanos.

SANDRA

Kant habló de una *Paz Perpetua* basada en la razón y la cooperación internacional. Nosotros podríamos construir un orden en el que cada individuo contribuya al bienestar del todo sin recurrir a la guerra ni la destrucción.

MARIO

Permitidme compartir una duda... ¿Y qué haremos cuando seamos demasiados? ¿Repartiremos los recursos con equidad? ¿O caeremos en el egoísmo?

LUCAS

No podemos cometer los mismos errores. La naturaleza nos ha dado una oportunidad única: ser la última especie en pie cuando el cambio climático termine su trabajo.

ELENA

Nos hemos convertido en algo más que cucarachas. No somos humanos, pero tampoco meros insectos. Somos Filocucarachas, las nuevas y nuevos filósofos de la existencia.

CLARA *se alza sobre sus múltiples patas y con voz firme proclama:*

CLARA

Nuestro destino está sellado. No hemos sido transformados por accidente. Hemos sido elegidos. Este mundo, destruido por el hombre, nos pertenece ahora. ¡Construyamos el nuevo orden!

MARIO

¿Derribamos la puerta con nuestros nuevos cuerpos?

CLARA

No. De momento nos quedaremos aquí, si os parece a todos. Os propongo utilizar nuestros nuevos cerebros. ¡Reunámonos!

Las FILOCUCARACHAS *se organizan en círculo asambleario y empiezan a dialogar.*

5

Los tres adultos, asomados a la caja, dan palmas, se abrazan y se felicitan entre ellos.

LOS TRES

¡Qué éxito de proyecto pedagógico!

Hotel Europa

Ana Díaz Velasco

ILUSIÓN *(~25, capa, pajarita, chistera y varita) a la derecha del escenario (su derecha).*
CIENCIA *(~25, bata blanca y fonendoscopio al cuello) a la izquierda (la disposición es importante por analogía con los hemisferios del cerebro: derecho, emoción; izquierdo, lógica). Ambas enfrentadas al público, se dirigen a él.*

ILUSIÓN
¡Damas y caballeros! ¡Señoras y señores! ¡Niñas y niños! *(Se gira hacia* CIENCIA.*)* Con todos ustedes, la única, la inigualable, su ilustrísima, ¡la Ciencia!... Un fuerte aplauso, por favor.

CIENCIA
Gracias, muchas gracias... *(Gira hacia* ILUSIÓN.*)* Por mi parte, tengo el honor de presentarles a ¡la Ilusión!

ILUSIÓN
(Hace reverencia.) ¡Muchísimas gracias, amado público! Es un placer, un inmenso placer, un día más estar ante ustedes, ¡el respetable!

CIENCIA

(A ILUSIÓN. *Impaciente.)* Bueno, ¿qué? ¿Empezamos?

ILUSIÓN

Por supuesto… Señoras, señores, la representación va a comenzar. ¡Disfruten del espectáculo!

CIENCIA

(Alza un trozo de pan.) Reza un antiguo proverbio árabe: dame pan para vivir.

ILUSIÓN

(Alza una flor.) Dame una flor para «querer» vivir.

CIENCIA

En ayunas no se vive.

ILUSIÓN

Sin belleza, no se sobrevive.

CIENCIA

Por más que diga el dicho, la fe «no» mueve montañas.

ILUSIÓN

¡Pero ayuda a subirlas!

CIENCIA

Eso es cierto. Y desde lo alto, podemos observar, entender, ¡demostrar!

ILUSIÓN

Desde lo alto, podemos ¡gozar! *(Simula que la varita es un pincel.)* Coger un pincel, mojarlo en la nieve, luego en el cielo, y conseguir un azul único que trasladar al lienzo.

Ciencia

Coger una muestra de nieve, meterla en el cromatógrafo y descubrir un microorganismo único para una vacuna nueva.

Ilusión

Y, por qué no, componer una canción también, allá, en la cumbre.

Ciencia

Las vacunas salvan vidas.

Ilusión

El arte sana el alma.

Ciencia

Sí, sí, lo que tú digas… *(Alza el pan.)* Un pintor podrá plasmar una hogaza de pan con todo el realismo, o unos huevos fritos, como Velázquez, ahora bien, un cuadro no se come.

Ilusión

¡Pero alimenta!

Ciencia

¡Venga ya! ¿Cómo va a alimentar?

Ilusión

¡Oish! ¿Tan segura estás siempre de todo?

Ciencia

No, ni muchísimo menos. El primer paso siempre es cuestionar.

Ilusión

El filósofo hace preguntas.

CIENCIA

El sabio da respuestas.

ILUSIÓN

¡Respuestas, respuestas, respuestas!

CIENCIA

Respuestas para comprender el mundo.

ILUSIÓN

Yo quiero ¡disfrutar el mundo!

CIENCIA

¿Sabes lo que es el ilusionismo?

ILUSIÓN

(Mueve la varita.) ¡Tachán!

CIENCIA

Ilusionismo: arte de producir fenómenos que parecen contradecir los hechos naturales.

ILUSIÓN

Yo no contradigo, no soy ilusionista. ¡Soy la ilusión!

CIENCIA

Ay, ay, ay. De ilusión, no se vive.

ILUSIÓN

Pero sin ella, ¡sin mí!, tampoco.

> ILUSIÓN *coge de la mano a* CIENCIA *y salen agarradas.*
> *Oscuro.*
> *En la pared del fondo se proyectan las palabras «Hotel Europa» simulando un luminoso. Entra el* CHICO *(18, de*

color, salvavidas puesto) llevando un taburete. Se coloca en el centro del proscenio, posa el taburete, pero no se sienta. Se dirige al público.

CHICO

Hotel Europa, ironías de la vida, al final tuve que recalar en el Hotel Europa... Quién me lo iba a decir cuando salí de Gambia... Europa, tierra prometida, Europa, continente de las oportunidades, Europa... Llegamos a Canarias el mismo día que cumplía dieciocho, menos mal que soy bajito y no aparento mi edad. Y es que el viaje duró más de lo previsto, mucho más... El cayuco era grande, pero éramos tantos, ¡tantos!, que parecía más bien una cáscara de nuez... *(Se agarra al salvavidas.)* Y yo sé nadar, cómo no voy a saber nadar si Gambia es conocida por sus playas, sobre todo por sus playas; sin embargo, otros, otros... Otros no sabían y, aun así, se lanzaron al agua... Pero no quiero recordarlo más, no voy a recordarlo más. Doy gracias a Alá por haberme traído hasta Europa, hasta el Hotel Europa, aunque no sepa bien qué va a pasar... Nos tuvieron en la isla del Hierro casi dos meses, luego nos realojaron por toda España. A unos colegas y a mí nos trajeron aquí, a la costa alicantina, seríamos cerca de cien. Todo el hotel para nosotros: Europa entera para campar a nuestras anchas... Ya solo quedamos la mitad. Los días se hacen largos, eternos. A veces vamos a la playa, que no es como las de allí, y jugamos al fútbol, aunque no nos quieren como allí... *(Se sienta.)* Estoy cansado, muy cansado. ¿Cuál será mi futuro? ¿Cuál, mi porvenir?

Entran ILUSIÓN y CIENCIA ahora vestidas con chalecos de cooperantes de la Cruz Roja (sin la capa ni la bata ya). ILUSIÓN lleva la chistera puesta, donde ha prendido la flor y CIENCIA lleva colgado el fonendoscopio (además tiene un tensiómetro). Cada una porta un taburete, van hasta el CHICO, ILUSIÓN *se coloca a su derecha,* CIENCIA *a su izquierda. Posan los taburetes (no se sientan).*

CIENCIA

(Coloca el tensiómetro al CHICO.) ¿Cuántos años tienes? *(Silencio.)* En tu ficha no lo pone. *(Silencio.)* Bueno, parece que la tensión la tienes bien.

ILUSIÓN

Tranquilo, estamos aquí para ayudarte. ¿Cómo te llamas? *(Silencio.)* ¿De qué país vienes? *(Silencio.)*

CIENCIA

A priori, estás sano, pero me gustaría hacerte un chequeo más exhaustivo, una analítica por lo menos.

CHICO

¡No, no!

ILUSIÓN

(A CIENCIA.) Dale un respiro al chaval, acabamos de llegar. *(Al* CHICO.) ¿No te quieres quitar el chaleco? Hace muchísimo calor.

El CHICO *se aferra al salvavidas.*

CIENCIA

(Ofreciéndole el pan.) ¿Tienes hambre?

El CHICO *niega con la cabeza.*

ILUSIÓN

(A CIENCIA.) ¡Ya te vale! ¿Cómo va a querer ese mendrugo asqueroso? *(Se sienta, se quita la chistera y la coloca en el regazo.)*

CHICO

(*Señala la flor.*) Es muy bonita la flor.

ILUSIÓN

¿A que sí? (*La desprende y se la da.*) Para ti, el próximo día te traigo otra, crecen muchas en mi jardín. (*Se vuelve a poner la chistera.*)

CIENCIA

(*Se sienta.*) Yo te traeré algo rico. ¿Te gusta la horchata?

ILUSIÓN

(*Se ríe.*) ¡Y unos fartons! Ni se te ocurra darle ese pan para mojar.

CHICO

Me mola la horchata.

CIENCIA

¡Claro! Se hace con chufas, ¿sabes? La chufa es un tubérculo, no un fruto seco como todo el mundo cree.

CHICO

¿Tuber qué?

ILUSIÓN

(*A* CIENCIA.) ¡Oish, la listilla! No abrumes al chaval con tus datos. (*Al* CHICO.) ¿Tenéis alguna bebida parecida en tu país?

CHICO

(*Ilusionado.*) ¡Sí! El «bouyi», se hace con los frutos del baobab.

ILUSIÓN

¡Oh! ¡Cómo me gusta ese árbol!

CHICO

Teníamos un maestro que nos daba clase a la sombra de un baobab. *(Acento africano.)* «Buhibab, padre de muchas semillas», simboliza la longevidad, la sabiduría y la resistencia.

CIENCIA

Claro, porque los tejidos fibrosos de su tronco absorben el agua de la lluvia para soportar las sequías, puede llegar a almacenar más de ciento veinte mil litros.

CHICO

¡Sí! El maestro nos lo enseñó.

ILUSIÓN

Y seguro que también os pidió que dibujarais el árbol, ¿a que sí?

CHICO

(Asiente orgulloso.) Una vez gané un concurso, mi dibujo estuvo colgado en la entrada de la escuela todo el año.

ILUSIÓN

¡Qué guay! ¿Y te sigue gustando dibujar? En la casa de la cultura de Alfás, hay un taller de pintura, si quieres, te puedo apuntar.

CHICO

Pero yo, yo… No lo podría pagar.

ILUSIÓN

Tú por eso no te preocupes.

CIENCIA

(Abre el salvavidas y ausculta al CHICO con el fonendoscopio.) Antes te tengo que hacer un chequeo, ¿vale? Recetarte vitaminas, ponerte alguna vacuna… ¿De dónde eres?

CHICO

De Serekunda, Gambia.

CIENCIA

Serekunda, claro, la ciudad más poblada del país, su centro económico.

CHICO

(Triste.) Exacto. La más poblada, la más…

ILUSIÓN

Oye, que sepas que puedes contar con nosotras todo el tiempo que estés aquí, ¿vale? Cien por cien.

CHICO

Muchas gracias… A las dos. ¿Cómo os llamáis?

ILUSIÓN

Yo Ilusión.

CIENCIA

Y yo Ciencia.

ILUSIÓN

¿Y tú? ¿Cómo te llamas?

CHICO

(Pausa.) «Buhibab», me podéis llamar «Buhibab», como el árbol.

ILUSIÓN

Guay. ¡Me encanta!

CIENCIA

Te encaja a la perfección, tus músculos son fibrosos, como su tronco.

55

El CHICO *se quita el salvavidas y lo lanza lejos. Los tres se ponen en pie.* ILUSIÓN *se quita la chistera y se la coloca al* CHICO; CIENCIA *le cuelga al cuello su fonendoscopio. Salen los tres entrelazados.*

Oscuro.

LAS CHICAS DEL SWING

Esmeralda Gómez Souto

*Biblioteca. Las diferentes mesas están ocupadas por perso-
nas que hojean el periódico, hacen tareas escolares o disfru-
tan de la lectura. En una de las mesas, una chica con aspecto
de ratón de biblioteca,* INGA, *está afanada entre libros y cuadernos. Entra una segunda chica de edad similar. Es* JUTTA.
Tiene aspecto de conspiradora. Se sienta al lado de INGA,
que tarda en hacer caso de la chica recién llegada.

INGA
    (Sin levantar la cabeza de los libros.) ¿Qué te pasa?

JUTTA
    ¿A mí? Nada…

INGA
    (La mira.) Esa cara no es por nada.

JUTTA
    No, en serio, no me pasa nada.

INGA
    Vale.

INGA vuelve a concentrarse en sus tareas. JUTTA espera que INGA aparte la cabeza de los cuadernos para prestarle atención de nuevo, pero eso no sucede.

JUTTA
Bueno, en realidad sí que me pasa algo…

INGA
(Con tono de paciencia.) ¿Qué?

JUTTA no dice nada, solo emite un sonido sordo de emoción contenida.

INGA
¿Es por Anton? Te ha invitado a pasear otra vez… El domingo por la alameda… Y te invitará a un chocolate caliente… ¿Es eso?

JUTTA niega con la cabeza.

INGA
Pues entonces, ¿qué?

JUTTA
Creo que no te lo puedo decir aquí…

INGA
Pues no me lo digas.

INGA vuelve a los libros por segunda vez desde la llegada de JUTTA, que mantiene la actitud de misterio. Mira a su alrededor antes de aventurarse a hablar.

JUTTA
¡La he conseguido!

INGA
 ¿Qué?

JUTTA
 La dirección…

INGA
 ¿Qué dirección?

> *Empieza a escucharse muy bajito la melodía* Bei mir bist du schön, *que irá subiendo su volumen conforme avance la escena.* JUTTA *se demora antes de hablar. A la vez, una joven se levanta de su mesa y sale. Se miran de reojo.*

INGA
 Jutta… ¿qué dirección?

JUTTA
 La dirección de la próxima reunión de los *swingjugend…*

INGA
 ¡No!

JUTTA
 ¡Sí!

INGA
 ¿Estás loca?… ¿Cómo la has conseguido? ¿Anton?

JUTTA
 ¿Qué? ¡No! Ese está todo el día hablando de aviones y nacionalismo. Ya no hay quien lo aguante. Nos ha invitado Peter.

INGA
 ¿A las dos?

JUTTA
Pues claro, tonta. ¿Iba a dejar a mi hermana mayor fuera de la diversión?

Las dos chicas se abrazan y emiten sordos sonidos de alegría. Se escucha un siseo pidiendo silencio. Desaparece la música y las chicas recobran la compostura.

INGA
(En susurros.) ¿Será peligroso?

JUTTA
Pues claro, pero si pensamos demasiado en el peligro, no haremos nada. Solo…

INGA
(Con tono de burla.) Casarnos con jóvenes y sanos patriotas y parir como conejas para repoblar nuestra gran nación. *Heil Hitler!*

JUTTA
Mejor: *Swing heil!*

INGA
Swing heil!

Ríen.

INGA
¿Dónde será la reunión?

JUTTA *saca un trocito de papel de su zapato y se lo muestra a su hermana.*

JUTTA
Solo para tus ojos.

En el suelo repiquetea el sonido de unos tacones acercándose. INGA, *nerviosa, se mete el papel en la boca. La mujer con zapatos de tacón atraviesa la sala.*

JUTTA
¿Pero qué has hecho?

INGA
Perdón… han sido los nervios. Creí que esa *fräulein* venía hacia nosotras. Casi me hago pis del susto…

JUTTA
Pues tienes que estar tranquila, aparentar normalidad, como si no pasara nada.

Las dos se quedan en silencio. INGA *intenta volver al libro que tiene delante, pero no consigue ni siquiera mirarlo. Mientras,* JUTTA *saca un espejito del bolso y se retoca el pintalabios.*

INGA
Jutta…

JUTTA
¿Qué?

INGA
¿Te acuerdas de la dirección?

JUTTA
Creo que sí, ¿por?

INGA
Porque creo que me he tragado el papelito.

JUTTA
Estás hecha una calamidad.

INGA

Es que solo de pensar en que vamos a ir a una fiesta de jazz... Y de que pueden pillarnos.

JUTTA

Nadie va a pillarnos.

INGA

Ya... Pero si nos pillaran, ¿qué nos harían?

JUTTA

Nos mandarían a un campo.

INGA

Como a los comunistas... y a los...

JUTTA

Pero no nos va a pasar nada. Solo hay que tomar precauciones. Saldremos de casa con los zapatos de baile guardados en el bolso. Y sin carmín. Discretas, para que no llamemos la atención de nadie. Iremos a la tienda de la señora Meier a comprar golosinas y después haremos cola para el cine, como un viernes cualquiera. Pero no entraremos. Nos escabulliremos en dirección a *Auguststrabe.* Allí tomaremos el tranvía hacia el norte.

INGA

No entiendo qué es eso tan grave que tiene el jazz para considerarlo degenerado y prohibirlo.

JUTTA

Es música extranjera. E incita a ser feliz y libre. Y solo les gustan los gruñidos y la intimidación. Pero no debes pensar en ellos, solo contar los días que faltan hasta que llegue el viernes.

INGA

¿El sitio está muy lejos?

JUTTA

Es una fábrica abandonada a las afueras. Una zona muy solitaria. Bajaremos en la última parada, al final de la línea. Allí nos esperan...

INGA

¿Y si nos perdemos?

JUTTA

Ay, Inga, ya basta. Deja de pensar en los problemas y piensa en todo lo que vamos a disfrutar...

Se pone de pie como si recreara la sala de baile. Conforme habla la música suena de nuevo y JUTTA *comienza a bailar.*

JUTTA

La vieja fábrica resulta casi imperceptible por la ausencia de alumbrado. Te cuelas por un agujero en la verja y entras por una puerta con el candado oxidado. Todo es oscuridad y silencio. Pero cuando penetras en la fábrica, algo te calienta el corazón. Unos acordes lejanos que van apoderándose de tus caderas, una luz que marca un camino secreto.

Y llegas por fin a una gran nave central. Allí, la música retumba y decenas, cientos, quizás, de jóvenes bailan al ritmo de jazz. Muchachas con labios rojos y faldas de vuelo, chicos con pelo largo y sombreros, tan diferentes de los que pasan las tardes en las juventudes... Allí todo es distinto. Porque han desaparecido las canciones patrióticas, los uniformes y las persecuciones. Es como si no estuviéramos donde estamos, como si nada de esto existiera, como si solo existiera el swing. ¿Qué importa lo demás? No hay nada más que el jazz.

INGA, *asustada, agarra a su hermana por los hombros y la hace volver a la realidad. La música desaparece.*

INGA

Jutta, cállate. No sabes lo que dices…

JUTTA

(Mira a su alrededor.) Estamos solas, no queda nadie en la sala.

INGA

No te puedes fiar, las paredes oyen.

JUTTA

Me he dejado llevar.

INGA

Pues no puedes volver a hacerlo.

JUTTA

(Con cierto temor.) Tienes razón.

INGA

Recogeré todo y podremos irnos.

INGA *guarda en una cartera los libros y cuadernos que tenía desplegados sobre la mesa y se agarra del brazo de su hermana. Se encaminan en silencio hacia la salida. Casi están fuera, pero les cortan el paso la mujer con tacones y un* OFICIAL.

OFICIAL

¿Señoritas Madlung? Inga y Jutta Madlung.

INGA

Sí…

OFICIAL
Acompáñennos.

INGA y JUTTA *se miran, pero no dicen nada ni oponen resistencia. Salen en compañía del* OFICIAL *y la señora. De fondo se escucha, de nuevo, el sonido del jazz mientras se hace el oscuro.*

Por no hablar de «lo otro»

Patricia Gomendio

Ha sonado el timbre de un instituto cualquiera. Alba *recoge sus apuntes y cuando va a ponerse el abrigo descubre a* Iván *apoyado en la puerta.*

Iván
Me acabo de enterar que no tenéis séptima hora. (Alba *no contesta.*) ¿Podemos hablar?

Alba
No.

Iván
Sólo será un minuto.

Iván se coloca frente a la puerta impidiéndole salir.

Alba
¿Me dejas salir?

Iván
Quiero pedirte perdón, ¿vale?

ALBA

Vale… ya me lo has dicho, ¿me dejas pasar?

IVÁN *se aparta y* ALBA *sale al pasillo.*

IVÁN

Sólo necesito que me escuches un momento. *(Siguiéndola por el pasillo.)*

ALBA

Ya… pero parece que sigues igual.

IVÁN

¡Para nada! Me he dado cuenta de todo.

ALBA

Pues no se nota.

IVÁN

¡No sé qué quieres que haga!

ALBA

Quiero que, si te digo que no, me respetes. Así de simple.

IVÁN

¡Pero si por eso mismo quiero hablar contigo!

ALBA

Paso.

IVÁN

¿Entonces cómo lo vamos a arreglar?

ALBA *sale del instituto seguida por* IVÁN.

IVÁN

 ¿De qué me tengo que enterar? Explícamelo, porfa.

ALBA

 En dos semanas ya querías controlar quién me escribe, quién me sigue en redes, que te mande mi ubicación, ¿te parece poco? Por no hablar de «lo otro».

IVÁN

 Joder, pensé que eso ya lo habíamos solucionado.

   ALBA *se sienta en un banco a esperar al bus.*

IVÁN

 ¡Es la mierda que nos meten en la cabeza a los tíos! ¡Yo qué sé! Nunca me había pasado, te lo juro.

ALBA

 ¿Qué es lo que nunca te había pasado?

IVÁN

 Que una tía se mosqueara por eso. Si alguna me hubiese dicho algo…

ALBA

 Pues una ya te lo ha dicho, así que me imagino que en futuras relaciones…

IVÁN

 No quiero futuras relaciones… quiero estar contigo.

ALBA

 Pues va a ser que no.

IVÁN

 ¿Pero por qué?

ALBA

Si en quince días… ha pasado todo esto… imagínate llevar contigo un mes.

IVÁN

La gente cambia, ¿vale?

ALBA

No te enteras.

IVÁN

Es que yo no veo tan grave haberte pedido la ubicación… mirar un poco tu móvil… no sé… a mí me parece que no es para tanto. Me tratas como si fuera un… y seré lo que sea, pero eso no.

ALBA

¿Y cómo crees que empiezan esas movidas?

IVÁN

Pero ¡qué dices! Os están comiendo el tarro con esas mierdas.

Viendo que el bus no llega, ALBA *se levanta para irse andando.*

IVÁN

Te acompaño.

ALBA

Ni de coña.

IVÁN

Es que ya no sé qué hacer para que me creas.

ALBA *empieza a andar.*

IVÁN

Espera, espera… ya te he dicho que no volveré a pedirte el historial de Insta ni ubicación ni nada de eso.

ALBA

¿Y lo otro?

IVÁN

Ya hemos hablado de lo otro.

ALBA

¿Y?

IVÁN

Pues eso… que… no volverá a pasar.

ALBA

¿Por qué?

IVÁN

Porque… no te ha gustado.

ALBA

¿Porque no me ha gustado?

IVÁN

Me «pones» tanto que se me fue la pinza.

ALBA

¡Claro! La culpa es mía.

IVÁN

Yo no he dicho eso.

ALBA

Ahora tendría que sentirme súper orgullosa porque te

71

gusto tanto… te pongo tanto… que cuando digo que no… tú sigues… y cuando vuelvo a decir que no…

IVÁN

¡Eso no fue lo que pasó!

ALBA

¿No?

IVÁN

No.

ALBA

¿Sigo contando lo que pasó?

IVÁN

No quiero escucharlo, ¿vale?

ALBA

Pues ahora lo vas a escuchar.

IVÁN

He dicho que no quiero hablar de eso.

ALBA

Yo también te he dicho que no quería hablar contigo y te ha dado igual.

IVÁN

Tú ganas, me piro.

ALBA

No… espera… estamos hablando.

ALBA *se pone delante de él impidiéndoles irse.*

IVÁN

Paso… déjame, por favor… te he dicho que me piro.

ALBA

Te acompaño y te voy contando.

IVÁN

Ahí viene mi bus.

ALBA

Coge el siguiente.

IVÁN

Lo voy a perder… déjame en paz.

ALBA

No quiero.

IVÁN

Me estás agobiando… luego no te quejes si…

ALBA

¿Si qué?

IVÁN

Esta conversación se está yendo de madre…vamos a dejarla aquí… te estoy avisando…

El autobús pasa de largo la parada.

ALBA

Se acaba de ir tu bus. ¿A que no mola? Ahora ya sabes lo que se siente.

IVÁN

Vale… ya lo he pillado… y me siento como una mierda…

ahora déjame, ¿vale? Me has rayado la cabeza… me está
entrando ansiedad… joder… por tu culpa…

IVÁN *se tambalea y* ALBA *trata de llevarlo al banco.*

ALBA
Siéntate aquí y respira.

IVÁN
¿Tienes agua?

ALBA
Sí, en la mochila… espera… toma.

IVÁN *bebe agua.*

IVÁN
Ufff… me falta el aire.

ALBA
¿Te pasa más veces? ¿Qué te ayuda?

IVÁN
Que estés aquí conmigo… sin hablar.

ALBA
Vale.

IVÁN
Se me pasará pronto.

ALBA
Tranqui.

IVÁN
Es que te has puesto muy…

ALBA
  Lo siento.

IVÁN
  ¡Da igual!

ALBA
  Respira.

IVÁN
  Te has pasado mucho…

ALBA
  ¿Te acompaño a casa?

IVÁN
  No… da igual… tenías prisa… no quiero que se raye tu madre.

ALBA
  Les llamó que llegaré más tarde.

IVAN
  No hace falta… llamo a algún colega y ya está… vete… de verdad.

  Suena el móvil de ALBA.

IVÁN
  ¿No lo coges?

ALBA
  No.

IVÁN
  Pero igual es tu madre.

ALBA
Ahora le llamo.

IVÁN
¿No vas a mirar quién es?

ALBA
No.

Vuelve a sonar.

IVÁN
¡Joder, parece que alguien está insistiendo mucho!

ALBA
Será mi madre.

IVÁN
Pues cógelo y sales de dudas.

ALBA
Que paso del teléfono.

IVÁN
Pero por lo menos mira quién es.

ALBA
¡Que no quiero mirar!

IVÁN
Es que se me hace mazo raro que no lo quieras coger.

ALBA
¿Estás mejor?

IVÁN
No cambies de tema. Saca el móvil.

ALBA
Que no lo voy a sacar.

IVÁN
Quiero ver quién te llama con tanta insistencia.

ALBA
¿Qué?

IVÁN
¡Que me des el puto móvil!

ALBA
¿Pero tú de qué vas?

IVÁN
No voy a estar tranquilo hasta que me enseñes quién llama tanto rato.

ALBA
Será mi madre.

IVÁN
¿Y por qué no quieres mirarlo?

> IVÁN *coge su mochila tratando de sacar el móvil.* ALBA *se la quita.*

ALBA
¿Qué haces? Suelta mi mochila... ¿de qué vas?

IVÁN
Sólo quiero que me dejes ver quién es.

ALBA
Pues te vas a quedar con las ganas.

IVÁN
Pues vamos a estar así hasta que vea quién llama.

ALBA
No me lo puedo creer… he sido una idiota.

IVÁN
Sí… venga… ahora hazte la víctima…

Aparece un amigo de IVÁN *que les pilla por sorpresa.*

SAID
¿Qué pasa?

IVÁN
¡¡Eyy!! *(Se saludan con un toque de manos.)*

SAID
¿Todo bien por aquí?

IVÁN
De lujo, ¿por?

ALBA *coge la mochila para irse.*

IVÁN
(A SAID.*)* Luego te doy un toque, me piro con ella.

ALBA
No… conmigo no vienes.

SAID
Ya lo has oído.

IVÁN

(*A* SAID.) Luego te cuento, va… (*Haciendo el amago de irse con ella.*)

SAID

No… tío… de eso nada.

IVÁN

¿Cómo dices?

SAID

Somos colegas y todo lo que quieras… pero de aquí no te mueves.

IVÁN

¿Me estás vacilando?

SAID

(*A* ALBA.) ¿Te estaba agobiando?

ALBA

Ya lo soluciono yo.

SAID

(*A* ALBA.) Si de eso estoy seguro… lo que pasa es que quiero que le queden un par de cosas clarinete.

IVÁN

¿Pero a ti qué coño te pasa? ¿Te estás quedando conmigo?

SAID

(*A* ALBA.) ¿Te estaba intentando pillar el móvil para controlar?

IVÁN

Córtate un poco…

SAID

No jodas… ¿es de esos mierdas?

IVÁN

No te metas… ¿vale? Te lo ha dicho hasta ella.

SAID

¿De verdad, Iván?

IVÁN

¿No te acabo de decir que hoy no es el día para vaciles?

SAID

Lo estaba viendo de lejos y estaba flipando… no puede ser… el Iván no… seguro que me estoy confundiendo…

IVÁN

No tienes ni idea de lo que está pasando, así que no te metas.

SAID

Pues va a ser que no… es más… yo que tú mañana no volvería al insti…no soy el único que te ha visto.

IVÁN

¿Pero de qué coño estás hablando?

SAID

Lo vas a tener chungo…

IVÁN

(A ALBA.) ¿Qué mierda has ido contando por ahí?

ALBA

Nada… de momento.

SAID
   ¡Estás fatal de la cabeza!

IVÁN
   ¿Estáis juntos? ¿Es eso?

SAID
   Tío… estás peor de lo que pensaba…

IVÁN
   ¿Pero tú de quién eres colega?

SAID
   Yo no tengo colegas así de enfermos.

IVÁN
   (A ALBA.*)* ¿Les has ido con esa mierda de «lo otro»?

ALBA
   No… pero debería.

SAID
   ¿Lo otro? Me interesa. ¿Qué pasa con eso de «lo otro»?

IVÁN
   Me largo… paso… no merece la pena *(A* ALBA.*)* ¿No vienes?

ALBA
   No.

IVÁN
   (A ALBA.*)* Me estás buscando la ruina.

SAID
   Y sigues… no aprendes tío…

IVÁN

(A ALBA.) Esto no se va a quedar así.

SAID

¿También amenazas? ¡Qué fuerte!

IVÁN

Contigo ya hablaré esta tarde cuando vayamos a casa del Manu.

SAID

No terminas de enterarte…no vas a ir a casa del Manu… con nosotros ya no vas a ninguna parte.

IVÁN

(A ALBA.) ¿No vas a decir nada? ¿Vas a dejar que crean que soy lo peor?

ALBA

¿Hablo de «lo otro»?

IVÁN

¿Te das cuenta en el lío que me estás metiendo? ¿Os habéis vuelto todos locos?

SAID

Lo mejor que puedes hacer es pirarte.

IVÁN

¿Eso es lo que te gustaría verdad? Muy bien… me largo… pero…

ALBA

Pero, ¿qué?

Iván

Luego no me vengas llorando… (*Mientras se va.*)

> Said *y* Alba *se sientan en el banco mientras* Iván *va desapareciendo a lo lejos.*

Said

Si no lo llego a ver, nunca me lo hubiera imaginado.

Alba

Por no hablar de «lo otro».

> *Fin.*

Gritaré tu nombre

Elena Guevara

Cuatro micrófonos sobre un escenario. Tres de ellos están ocupados por tres chicas caracterizadas de la misma manera.

PAULA
Cuando salga de aquí/

PAULA 2
Cuando salga de aquí recorreré a toda velocidad el pasillo entre las butacas/

PAULA 3
Cuando salga de aquí recorreré a toda velocidad el pasillo entre las butacas, entre aplausos y gente saludando a gente/

PAULA
Cuando salga de aquí recorreré a toda velocidad el pasillo entre las butacas, entre aplausos y gente saludando a gente, angustiada por encontrarte a la salida.

PAULA, PAULA 2 y PAULA 3
(En perfecta sincronía.) Tengo que verte antes de que te

vayas, no sé si para espiarte desde lejos, para gritarte o para pedirte explicaciones.

PAULA
¿No me reconoces? Normal — *te diré* — .

PAULA 2
Han pasado algunos años -*suavemente-aunque-temblando* — *te diré* — .

PAULA 3
Ahora sí, ¿verdad? Aunque soy otra.

PAULA, PAULA 2 y PAULA 3
(*En perfecta sincronía.*) No tengo miedo. A nada. Ni a la oscuridad, ni al mar, ni a las tormentas, ni al suelo que se rompía bajo mis pies, ni a ti, Jose. — *muy segura de mí misma, diré tu nombre* — .

PAULA
No sé qué dirá mi hermana que te sigue en Instagram y en TikTok/

PAULA 2
No sé qué dirá mi hermana que te sigue en Instagram y en TikTok, que te recuerda con cariño/

PAULA 3
No sé qué dirá mi hermana que te sigue en Instagram y en TikTok, que te recuerda con cariño. Y hace poco me dijo que te encontró otra vez.

PAULA, PAULA 2 y PAULA 3
Otra vez…

PAULA, PAULA 2 y PAULA 3

(En perfecta sincronía, con la voz de su hermana.) Jose, sí, el Jose del instituto, ¡mi primer amor! ¡He vuelto a encontrarle! ¿Por qué me miras así? —*me dirá inquieta*—. ¿Qué pasa?

PAULA

Que aún recuerdo su sombra como una imagen borrosa en mi memoria, sus ojos mirando por la rendija de una puerta.

PAULA 2

Las niñas son listas, aunque son niñas, y saben cuándo les miran bien y cuándo les miran con esa *mirada-esa mirada que no-* cuando los ojos son *como-algo-feo/*

PAULA 3

Hoy puedo ponerle nombre. Entonces no supe —no pude— ponerle nombre. Pero ahora podré, en este momento preciso que está llegando/

PAULA, PAULA 2 y PAULA 3

(En perfecta sincronía.) Te he visto. Entre el público. Y he recordado que llevo años queriendo que llegase esta oportunidad. Ser lo suficientemente mayor, lo suficientemente valiente, lo suficientemente...

PAULA

He aprendido palabras, palabras que tienen significado, que puestas en mi boca, ahora, explican todo.

PAULA 2

He aprendido palabras, palabras que tienen significado, que puestas en mi boca, ahora, explican todo. Hoy sé decir que aquello estaba mal, que era asqueroso.

PAULA 3

He aprendido palabras, palabras que tienen significado, que puestas en mi boca, ahora, explican todo. Hoy sé decir que aquello estaba mal, que era asqueroso. Hoy sé nombrar lo que pasó. Y dentro de media hora podré... escupirte... si quiero. Y nadie podría decirme nada, porque entonces yo podría decirles a ellos TODO sobre ti. A los que te saludan y te palmean la espalda. Pero ¿podría entonces yo seguir en «este» mundo? ¿Podría yo vivir siendo ya sólo para siempre «esa»? ¿Y mi hermana? ¿Y mi familia? No. No recorreré a toda velocidad el pasillo entre las butacas, entre aplausos y gente saludando a gente, angustiada por encontrarte a la salida. Mejor... lo sigo guardando en una voz del pasado. De cualquier modo... si lo digo/
No puedo.

PAULA 3 *apaga el micrófono.* PAULA *y* PAULA 2 *giran la cabeza y la miran en silencio unos segundos.*

PAULA y PAULA 2

(*En perfecta sincronía.*) Me salvé entonces. Y no quiero que estés ahora de nuevo, mucho menos ahora, tienes que irte — *le diré* —. ¡Y no vuelvas a hablar a mi hermana!

PAULA

Cuando salga de aquí recorreré a toda velocidad el pasillo entre las butacas/

PAULA 2

Cuando salga de aquí recorreré a toda velocidad el pasillo entre las butacas, entre aplausos y gente saludando a gente. Te hablaré, y diré: he crecido.

PAULA

Esos ojos tan feos y tan negros que miraban mi cuerpo y que hoy sé nombrar *ojos-de-cerdo,* no puedo consentir, no, bajo ningún concepto, no, jamás permitiré que miren…, a mi carne, a mi sangre, a mi familia. Nunca.

PAULA 2

¡No me mires así como si no supieras de qué coño te estoy hablando! No me mires así como si estuvieras por encima de todo, encantando a todos con esa sonrisa falsa y estúpida, engañándolos con tus trucos y tus bromas, no me gustas, nunca me has gustado —*diré casi contenta*—. Quiero que te marches tan lejos que nunca más nos encuentres a ninguna de nosotras, y deja de sacar monedas de detrás de las orejas, y de mover las cosas sin tocarlas, y deja los acertijos porque son una mierda, no me gustan. Vete. Porque si nombro las cosas van a existir. Van a existir, y no estarán sólo en mi cabeza —*le amenazaré como si tuviera un cuchillo, tanto que pensará que <u>realmente</u> lo tengo y pedirá auxilio*—. *(Ríe.)* ¿Qué haces? ¡No me toques! ¡No te consiento! Eh, soltadme. ¡Soltadme! ¡No es así como tenía que ser este momento! Ya lo he imaginado muchas veces ¡y nunca soy yo la que se llevan a rastras! ¿Qué estáis haciendo? —*diré a una multitud congregada ahí, murmurando que estoy loca y que no sé lo que digo*—. ¡Soltadme! ¡Os estáis equivocando! ¡No es a mí a quien tenéis que llevar a un calabozo! —*diré mientras me arrastran y me río a carcajadas*—.

PAULA 2 *apaga el micrófono.* PAULA *gira la cabeza y la mira en silencio unos segundos.*

PAULA

No me mires así como si no supieras de qué coño te estoy hablando. No me mires así como si estuvieras por encima

de todo, encantando a todos con esa sonrisa falsa y estúpida, engañándolos con tus trucos y tus bromas, no me
gustas, nunca me has gustado. —*diré casi contenta*—.
Quiero que te marches tan lejos que nunca más nos
encuentres a ninguna de nosotras. Me acuerdo de todas
las cosas y voy a escribirlas, ¿quieres oír una? —*me dirá
que voy a fastidiar su futuro, que por favor, que tampoco fue
tanto. ¿Y quién dice qué es TANTO?*— :

Hace días que no entiendo bien lo que me explican en el
cole.
Suena la voz del reportero, empieza la segunda parte.
«*Hablad más bajo, ¡no puedo oír el partido!*» — *gritaste ¿te acuerdas?* —.
La profesora me ha quitado unas cuentas de matemáticas
que mi hermana me había preparado y las ha roto.
¡Las ha roto! ¿Las ha roto, Paula? ¿Por qué?
¡No te burles! No me burlo. (No me burlaba, Claudia, te lo
prometo).
Ahora tendrás tarea extra para casa (me dijo la profesora)
una redacción sobre qué significa ser responsable.
¡Y escribe la redacción a boli, que no se borre!

Tengo que escribir una redacción. No me dejes sola,
Claudia. Yo no tengo boli.
No estás sola.
Se queda Jose, está aquí al lado, viendo el partido.
El partido. ¡2-1!
¿Cuál es la raíz cuadrada de 81? No me acuerdo.
¿Quién está jugando?
«*Haz los deberes*». La redacción. ¡Necesito un boli! Un boli.
Ahí sólo soy Paula y necesito un boli.
Despacio, miro hacia donde está sentado Jose. Me levanto,
casi sin poner los pies sobre el suelo. En un susurro digo:
necesito un boli. «Aquí tienes un boli, ven a buscarlo».
Sobre el sofá, apoyados, los pies del novio de mi hermana.

Suena el fútbol.
Silencio.
Ya no se escucha el fútbol.
«*¿No lo coges?*». Pero yo...
«*¿No lo coges?*». Al final de sus piernas hay un boli. Sobre los pantalones vaqueros hay un boli. Justo en «esa» costura hay un boli. Y no quiero cogerlo.
«Vamos acércate, no es para tanto, coge el boli, sólo es un boli, ¿no necesitas un boli?, pues cógelo, adelante ¡Coge el boli!».

(...)
«Bien hecho».
(...)

«Ahora a hacer los deberes. Los de Matemáticas y los de Lengua. Muy bien, ahora eres responsable».
¿Cuál es la raíz cuadrada de 81? Nueve, es nueve. Tengo nueve años y aún no conozco el nombre de todas las cosas.
Pero en el futuro podré escribirlas, Jose.
Con tu nombre sí, con tu nombre. Todas.
Cuando salga de aquí recorreré a toda velocidad el pasillo entre las butacas, entre aplausos y gente saludando a gente, y gritaré tu nombre.
Y no será la Paula que se calla, ni Paula la loca, ni la que.../ Seré la que lo cuenta. Al fin. Y gritaré tu nombre.

Los abrigos grises

Carlos Herrera Carmona

X será interpretado por tantas voces como se desee a modo de Coro. *Suena «The Tempest» de Robert W. Smith mientras* El coro *sale con globos en las manos. Proyección: imágenes de la bomba de Hiroshima. Unos segundos. Silencio.*

X

Parece una maldición.

X

Una maldición que no nos merecemos.

X

No somos los culpables.

X

Los culpables son los otros, las otras.

Tod@s
Obvio.

X

Ahora estamos en la trampa.

X

Y no nos lo merecemos.

TOD@S
 ¡No!

> *La imagen se congela.* EL CORO *deja escapar todos los globos a la vez.*

X

 Estamos aquí por casualidad.

X

 Nadie nos invitó a la fiesta.

 X

 ¡No!

X

 A la fiesta del horror.

X

 El mundo es ahora una fiesta del horror.

TOD@S
 ¡Sí!

> *Proyección: tras fundido en negro, figuras de la política actual alternadas con catástrofes naturales, migrantes llegando a playas, campos de batalla…*

X

 ¿Quién ha montado este estercolero?

X

 Fuiste tú.

X

 Con tu traje gris.

X

Con tu corbata gris.

X

Con tu abrigo gris.

X

Gris como tu alma.

X

Gris como el cielo que habéis puesto sobre nuestras cabezas.

X

Cada día que pasa el cielo está más gris.

X

Y mañana amanecerá totalmente negro.

Fundido en negro en pantalla. Suena «Pathos» de Ludovico.

X

El ahora tiene la profundidad de un abismo.

X

Y no nos apetece.

TOD@S
Obvio.

X

Queremos cielo azul y nubes blancas.

X

Y nubes negras también.

X
Pero que traigan lluvias y conviertan la estepa en prado.

X
Porque habéis secado el Jardín del Edén.

X
Privándonos del agua.

X
Y tenemos sed.

X
Y ahora el agua viene cuando no le corresponde.

X
Y llega la desgracia.

X
Pero os da igual.

X
Os da exactamente igual.

Tod@s
Sí.

X
Porque no recogéis fango.

Tod@s
No.

X
Sólo os paseáis con vuestro traje gris.

Tod@s
   Sí.

X

   Con vuestro pañuelo gris de flores grises.

X

   Y el fango nos llega hasta la boca.

      Silencio.

X

   Pero vosotros siempre sanos y salvos.

X

   No reconocéis el daño.

X

   Ni el fraude.

X

   Ni el robo.

X

   Ni la mentira que sale por vuestras gargantas.

X

   No hay remordimiento.

X

   Exacto.

X

   Agarrados como garrapatas a vuestros tronos.

X

    Os negáis a dimitir.

X

    ¡Sí!

X

    No aceptáis el triunfo si no es el vuestro.

X

    Gozáis protegidos detrás de vuestros micrófonos, de vuestros púlpitos.

X

    Presumís de despachos caros, de coches caros, de restaurantes caros.

X

    Y el pueblo paga y calla, calla y paga.

X

    Pero nosotros y nosotras no lo vamos a aceptar.

X

    Nunca de rodillas.

X

    Nunca como bueyes de los carros del odio.

X

    Nunca debajo de vuestros misiles.

TOD@S
    Exacto.

X

No queremos pagar más lujo ni más derroche.

X

Acabamos de reventar.

TOD@S
Sí.

X

Nos molesta que el horizonte sea una alambrada que rodee al mundo y lo estrangule.

X

Al contrario que vosotros.

X

Os encantan las alambradas altas muy altas cada vez más altas.

TOD@S
Sí.

X

Muy altas, para que los cuerpos se queden allí.

X

Sin aliento.

X

Sin vida.

X

¿Y nuestra vida?

X

    Nadie nos ha invitado a esta fiesta del horror.

X

    El horror de vuestros mítines.

X

    Muchos son lo que os aplauden.

X

    Increíble.

X

    Inconscientes.

X

    Pan y circo.

X

    Otra vez en la trampa del imperio.

TOD@S

    Sí.

X

    Y los altos mandos, impecables.

X

    Sin que el fango les salpique.

X

    Cuando os insultáis no es creíble.

X

    No es creíble porque seguís en la fiesta.

X

Ninguno os queréis ir de esa fiesta.

X

Queréis seguir bebiendo.

X

Borracheras de insultos.

X

Borracheras de poder.

X

Os da igual.

X

Porque estáis arriba.

X

Arriba de la rueda.

X

Aún no os habéis dado cuenta de que la rueda de la fortuna gira y gira.

X

Y pronto estaréis debajo.

X

Tocando fondo.

X

Pero no os importa.

X

Estáis tan borrachos de poder que no os importa.

X

No os importa que vuestros hijos pasen vergüenza ajena.

X

Que vuestras familias sean amenazadas.

X

Si vais a prisión, no os importa.

X

Os liberan y seguís borrachos de poder.

X

La prensa os hace fotos.

X

Y os reís.

X

Salís en la televisión.

X

Y os reís.

X

No hay reflexión.

X

No hay escarmiento.

X

Seguís con hambre de poder.

X

Sí. Tú. El del traje, el de la corbata, el del abrigo gris.

X

Sí. Tú. La del traje, la del pañuelo gris, la del abrigo gris.

X

Sois todos tan grises.

X

Seguramente antes no erais así.

X

¿Alguna vez os ha gustado jugar?

X

Parece que se os ha olvidado.

X

Parece que nunca fuisteis niños o niñas.

X

Tal vez por eso no tengáis miedo.

X

Ni pudor.

X

Habéis nacido huecos y huecas.[1]

Tod@s

Obvio.

X

Pero el hombre del saco sigue ahí.

---

[1] «We are the hollow men», T. S. Eliot. *The Waste Land*.

X

    Y la mujer del saco también.

X

    Seguro que soñáis con su saco.

X

    Seguro que os asustáis en mitad de la noche.

X

    Su saco es profundo y negro.

X

    Como el cielo que ahora nos cubre.

X

    Pero a nosotros y a nosotras nos gusta soñar.

X

    Soñar con un futuro fantástico.

Tod@s
    Obvio.

X

    Pero no nos dejáis.

Tod@s
    No.

X

    Porque estamos en vuestra trampa.

X

    Nos movéis a vuestro antojo.

Tod@s
   Sí.

X

Somos marionetas de las marionetas.

X

Nos queréis cortar los hilos.

X

Movéis los hilos de nuestros padres.

X

Y nos damos cuenta de todo.

X

Os vemos en las pantallas hablar y hablar y hablar.

   *Suena un gong. Reaccionan un momento y vuelven a la
   acción con intensidad.*

X

Mentir y mentir y mentir.

   *Suena otro gong. Reaccionan un momento y vuelven a la
   acción con más intensidad aún.*

X

Subís lo que no tenéis que subir.

X

Y no bajáis lo que tenéis que bajar.

X

Y el mundo se desmorona.

X

Y nuestras familias sufren.

X

Hemos llegado a una conclusión.

X

No queremos llevar vuestros abrigos grises.

Tod@s
Nunca.

X

No queremos hablar por hablar ni mentir por mentir.

Tod@s
¡Nunca!

X

Queremos que vuelva la vida.

Tod@s
Siempre.

X

Los abrigos grises no son vida.

X

A nadie le gusta un día gris.

X

Y aquí vivimos en un eterno día gris.

X

El hombre del abrigo gris grita.

X

La chusma aplaude al emperador.

X

La mujer del abrigo gris insulta.

X

La chusma aplaude a la emperatriz.

X

Los imperios han vuelto.

X

La chusma ha bebido el veneno.

X

Nosotros no queremos ser chusma.

X

Para eso tenemos que pensar.

X

Para pensar necesitamos que nos ilustren.

X

La educación es la llave.

Tod@s
Sí.

X

No queremos ser estúpidos.

X

Eso es lo que pretenden los abrigos grises.

107

X

    Y que el horizonte sea una alambrada.

Tod@s

    Sí.

X

    Quieren la sequía.

X

    Quieren que los bosques sean páramos.

X

    Quieren incendios.

X

    Incendios en la montaña.

X

    Incendios en la ciudad.

X

    Incendios en las bibliotecas.

X

    Incendios en los hospitales.

X

    Incendios en las escuelas.

X

    En nuestro hogar.

X

    En nuestra habitación.

X

En nuestra mirada.

X

Incendios en nuestro pensamiento.

X

Lo están quemando todo.

X

Los bancos son sus aliados.

X

Los multimillonarios son los nuevos faraones.

TOD@S

Pero todos y todas morirán. *Memento mori.*[2]

X

Y dejarán de beber, de comer, de bailar y de robar.

X

Y se irán de la fiesta en algún momento.

X

Y se esconderán en sus pirámides con sus fortunas.

X

O en sus rascacielos.

X

Abrazarán sus lingotes de oro como si fueran almohadas.

---

[2] «Recuerda que vas a morir» en latín.

X

    Y llorarán mucho.

X

    Porque habrán visto al hombre y a la mujer del saco.

X

    Con su larga lengua de camaleón.

Tod@s

    El faraón y la faraona tienen miedo.

X

    El emperador grita.

X

    La emperatriz grita.

X

    Porque les quitan sus lingotes de oro.

X

    Y el hombre y la mujer de los abrigos grises suplican.

X

    Pero no hay remedio.

X

    Todos los lingotes ya están en el saco.

X

    El hombre y la mujer del abrigo gris suplican mientras su corazón gris se para.

X

    Adiós a los abrigos grises.

X

Adiós al imperio.

X

No habrá quedado nada.

X

Sólo su miseria.

X

¡Sí!

El coro *comienza a inflar globos.*

X

Tenemos aire suficiente para seguir.

Proyección: olas de mar rompiendo contra un acantilado.

Tod@s

Si el agua es capaz de diseñar la piedra,
nosotros y nosotras la imitaremos.
Creemos en la vida.
Creemos en ti.
¿A qué estás esperando?

Proyección: «Implícate» sobre la imagen anterior.

Contrafactual

Maite Marín

JAIME, TOMÁS y NEREA *salen de clase y se paran en el pasillo.*

JAIME
    ¿De qué vais a hacer el trabajo?

TOMÁS
    No sé. ¿Vosotros?

NEREA
    Creo que sobre la Segunda Guerra Mundial. De haber sido de otra manera el mapa político sería completamente diferente.

JAIME
    Yo creo que lo voy a hacer de si el mono no hubiera descubierto el fuego.

TOMÁS
    El mono no descubrió el fuego. Fueron los homínidos.

JAIME
    O la rueda.

NEREA

¿Los monos la rueda? Tú flipas.

JAIME

Bueno, que si no hubieran construido la rueda, ahora estaríamos en coches con ruedas cuadradas.

TOMÁS

Si no lo hubieran hecho en la prehistoria, lo habrían hecho más adelante.

NEREA

Da igual, no intentes razonar. Para él la tierra no es redonda, es un bloque de cemento.

JAIME

Que manera de tirar por tierra un proyecto creativo. No tenéis ni idea, chavales.

TOMÁS

A ver, el trabajo consiste en plantear un acontecimiento contrafactual y desarrollarlo. «Que habría pasado si...».

NEREA

(Pensando en voz alta.) ¿Qué habría pasado si hubieran admitido en la Academia de Bellas Artes a Adolf Hitler?

JAIME

Que tendríamos unas obras de arte horrorosas.

NEREA

A lo mejor no se hubiera llevado a cabo un holocausto. Y ahora los sionistas no estarían haciendo eso mismo en Palestina.

JAIME

Entonces igual hay que remontarse a las invasiones bárbaras.

NEREA

Ya, pero ahí no puedes aislar un hecho. Es un cúmulo de factores.

TOMÁS

La ideología nazi tampoco es un hecho aislado. Si no lo hubiera cometido Hitler, habría sido otro. Si no estuviera Netanyahu, el genocidio seguramente seguiría cometiéndose y a la vista de todos.

NEREA

Eso no lo sabes. A lo mejor no habría otro psicópata para sustituir a este. O puede que hubiera sobrevivido alguien decisivo para la historia contemporánea.

TOMÁS

¿Decisivo para bien? ¿Como Martin Luther King?

NEREA

A lo mejor si a Martin Luther King no lo hubieran asesinado, las políticas económicas para una igualdad social se habrían aplicado. Y Trump no habría sido ni una mínima opción.

JAIME

Si Bruno no hubiera venido a este instituto…

TOMÁS

¿Qué?

JAIME

Si no hubiera venido Bruno al instituto, Sonia estaría saliendo conmigo.

115

TOMÁS
O no.

NEREA
Si tú no te hubieras enrollado con Vero, a lo mejor.

JAIME
Si Sonia no se hubiera ido de vacaciones, no me habría
enrollado con Vero.

NEREA
¿Asumes alguna responsabilidad?

JAIME
Sí, claro.

NEREA
¿Y dejas que la otra parte elija por sí misma?

JAIME
Sí, pero sus amigas la han puesto en mi contra.

NEREA
Es libre de elegir y no te ha elegido a ti.

JAIME
Qué bajón.

TOMÁS
Más bajón es suspender historia, así que vamos a hacer el
trabajo.

NEREA
(*A* JAIME.) Te digo una cosa, lo de la rueda y el fuego me
parece mejor opción que lo de Sonia y Bruno.

TOMÁS
(*A* NEREA.*)* ¿Y tú lo de Franco?

NEREA
Era Hitler.

TOMÁS
Bueno, lo mismo da.

NEREA
A ver, que Franco no se presentó a la Academia de Bellas Artes.

TOMÁS
Eso no lo sabes.

NEREA
Eso sí lo sé, que no estamos hablando del siglo trece, que está todo documentado.

TOMÁS
A lo mejor quiso matricularse en el Conservatorio de Danza porque en su foro interno igual quería ser bailarín clásico, pero no tenía condiciones físicas y se cabreó tanto que se sublevó contra la intolerancia de esa institución. Por eso odiaba tanto a los comunistas, porque los bailarines rusos* eran los mejores.

NEREA
Como teoría casi es mejor la de la tierra plana o incluso la de que dios hizo el mundo en siete días.

---

*Por la época histórica a la que se refiere, lo correcto sería «Soviéticos». Se utiliza «rusos» para reflejar su lenguaje coloquial.

JAIME

En seis. El séptimo se fue de fiesta.

TOMÁS

Descansó, blasfemo.

JAIME

Lo que tú digas. Oye, se me ocurre una buena: «Si Jesús nunca hubiera existido».

TOMÁS

Si no existió.

JAIME

Qué dices, pirado.

TOMÁS

Pues que ese libro es literatura.

JAIME

Ya está el ateo.

TOMÁS

A ver, que los judíos tienen otro libro. Y los musulmanes. Y todos se parecen.

NEREA

De hecho, en el de los judíos es donde dicen lo de la tierra prometida. A los palestinos se les olvidó incluir eso en su propio libro. Así tendrían legítima defensa.

TOMÁS

Igual no hace falta un libro para que te digan que todos tenemos derecho a una vivienda, pero no a quitársela a otro y que matar está mal, ¿no?

JAIME

Oye, ¿en serio creéis que si no me hubiera enrollado con Vero ahora estaría con Sonia?

NEREA

Nunca se sabe. Eso ya no se puede cambiar. Lo que puedes hacer es preguntárselo. Antes de que lo haga Bruno. Porque por un lado están los que cambiaron la historia para mal, por otro, un segundo grupo formado por los que no pudieron o no les dejaron cambiarla para bien y en un tercer lugar...

TOMÁS

¿Hay un tercer lugar?

NEREA

(Mirando a TOMÁS fijamente tratando de provocar alguna reacción en él.) Sí, los que no se atreven a hacer nada. Lo que viene a ser la mayoría silenciosa. Los que sabiendo lo que deben o quieren hacer, no se arriesgan.

TOMÁS mantiene la mirada a NEREA durante unos segundos. No se dicen nada, solo se miran, creando cierta tensión en el ambiente.

JAIME

(Interrumpiendo.) Se está quedando buena tarde...

NEREA

(Con la mirada aún puesta en TOMÁS.) Me voy a la biblioteca. Nos vemos.

NEREA se va.

JAIME

Hay como un aroma a no sé... hormonas y miedo, ¿no?

TOMÁS

Anda, cállate.

JAIME

Y luego soy yo el de la tierra plana, pero vamos tú no reconoces lo obvio ni aunque te lo pongan en las narices. Después aparecerá un Bruno de la vida y todo serán lamentos.

TOMÁS

¿Has acabado?

JAIME

Yo sí.

TOMÁS

A ver, que también puede arrancarse ella, ¿no? ¿No somos iguales tíos y tías?

JAIME

Claro que puede, pero no creo que lo haga contigo. Tú perteneces al tercer grupo y no tienes por qué avergonzarte. Te gustaría mucho ser del segundo grupo, pero eso es de valientes. Y bueno, no todos habéis nacido para ser valientes. *(Dándose importancia.)* Eso está reservado para los elegidos.

TOMÁS

¿Tú valiente? Tú lo que eres es un inconsciente, chaval. Te enrollas con una y quieres estar con otra.

JAIME

Es la juventud, pero eso tú no lo entiendes, abuelo.

TOMÁS

Me piro.

JAIME

(*Señalando por donde ha salido* NEREA.) La biblioteca está por allí.

TOMÁS

(*Señalando la salida.*) Sí, y la Escuela de Artes por allí, a ver si te matriculas.

> TOMÁS *duda, coge aire y, decidido, se va en la dirección por donde ha salido* NEREA.

JAIME

(*A* TOMÁS *mientras observa cómo se aleja.*) Eh, que yo soy buena gente. Lo que pasa es que tengo mala prensa... (*Viendo que alguien cruza el pasillo.*) ¿Sonia? ¡Sonia, espera! ¡Te quería contar algo muy interesante sobre los homínidos y la rueda! ¡Bueno, y rectificar, que yo quiero ser del segundo grupo, del de los buenos! ¡Sonia!

> JAIME *sale corriendo llamando a* SONIA.

Irse del todo

José Aurelio Martín

Dos chavales.

ABRAHAM
Búscalo en TikTok.

CRISTIAN
Es verdad.

ABRAHAM
Seguro que te lo cuenta.

CRISTIAN
Ojalá.

ABRAHAM
Míralo, ya verás.

CRISTIAN
Luego.

ABRAHAM
Ponte los cascos.

CRISTIAN
¿Para?

ABRAHAM
Por si no quieres que escuche.

CRISTIAN
Luego.

ABRAHAM
¿Tienes piba?

CRISTIAN
Sí, bueno no.

ABRAHAM
¿Es por eso?

CRISTIAN
No sé.

ABRAHAM
¿Qué toca ahora?

CRISTIAN
Psicología.

ABRAHAM
Perfecto, a no hacer nada.

CRISTIAN
Sí. Bueno, tenemos que hacer un cartel.

ABRAHAM
¿Sobre?

CRISTIAN
Lo de las corrientes psicológicas del siglo…, dos equis.

ABRAHAM
¿Siglo 20?

CRISTIAN
Yo qué sé, sí.

ABRAHAM
Lo hacemos con el ChatGPT rápido.

CRISTIAN
El profe no deja.

ABRAHAM
Me busco la vida.

CRISTIAN
Claro.

ABRAHAM
¿Es por los estudios?

CRISTIAN
No sé, tío, de verdad.

ABRAHAM
De verdad que TikTok te lo puede aclarar.

CRISTIAN
Seguro, seguro.

Entra el PROFESOR. *Los chavales guardan el móvil.*

Día siguiente. Mismo lugar. Dos pupitres, dos sillas. Dos chavales.

ABRAHAM
¿Miraste eso?

CRISTIAN
Algo.

ABRAHAM
¿Y?

CRISTIAN
Nada.

ABRAHAM
Sí hay cosas, yo lo miré.

CRISTIAN
Sí, sí, seguro.

ABRAHAM
Yo puse «estoy triste», y me salió.

CRISTIAN
Es que estuve en la comisaría, con mi madre.

ABRAHAM
¿Y eso?

CRISTIAN
Porque la estafaron por teléfono.

ABRAHAM
¿Cómo?

CRISTIAN
La llamaron supuestamente de un banco, dio la claves y adiós tres mil euros.

ABRAHAM
¿En serio?

CRISTIAN
Sí, denunciamos.

ABRAHAM
¿Y lo va a recuperar?

CRISTIAN
No creo, la policía dice que es difícil rastrear.

ABRAHAM
¡Qué putada!

CRISTIAN
Se han jodido los Reyes.

ABRAHAM
Ya ves.

CRISTIAN
Había pedido otro móvil.

ABRAHAM
¿No te va bien ese?

CRISTIAN
Sí, bueno, no.

ABRAHAM
Mientras puedas tirar con él.

CRISTIAN
Claro.

ABRAHAM
¿Qué toca?

CRISTIAN
Historia.

ABRAHAM
Hostia las actividades.

CRISTIAN
Toma, cópialas.

ABRAHAM
De dónde las has sacado.

CRISTIAN
De Grok 3.

ABRAHAM
Eso qué es, carajo.

CRISTIAN
La IA de Twitter.

ABRAHAM
¿Está bien?

CRISTIAN
Sí, busqué eso.

ABRAHAM
¿Qué te dijo?

CRISTIAN
Pues…

Entra la PROFESORA. *Los chavales guardan el móvil.*

CRISTIAN
Luego te cuento. O búscalo tú.

ABRAHAM
Me doy miedo.

Tres días después.
El PROFE *de Psicología, la de Historia, de pie,* CRISTIAN *sentado.*

PROFE DE PSICOLOGÍA
¿Era tu amigo?

CRISTIAN
Sí, bueno, no.

PROFA DE HISTORIA
Os sentabais juntos, eso sí.

CRISTIAN
Sí.

PROFE DE PSICOLOGÍA
Si lo prefieres, no hablamos.

CRISTIAN
Me da igual.

PROFA DE HISTORIA
¿Sabes si le pasaba algo?

José Aurelio Martín

CRISTIAN
No.

PROFE DE PSICOLOGÍA
¿No hablabais de cosas personales?

CRISTIAN
No, bueno un poco.

PROFA DE HISTORIA
¿De qué hablabais?

CRISTIAN
De la tarea, de TikTok.

El PROFE DE PSICOLOGÍA *recibe una llamada y sale.*

PROFA DE HISTORIA
¿Qué os está pasando?

CRISTIAN
¿A quiénes?

PROFA
A vosotros, a la gente joven.

CRISTIAN
No sé.

PROFA
¿Por qué no podéis con tanto dolor?

CRISTIAN
No sé. Estamos todos igual.

PROFA
  Es una epidemia.

CRISTIAN
  ¿El qué?

PROFA
  Un virus.

CRISTIAN
  No sé.

PROFA
  ¿A quién le cuentas cuando estás mal?

CRISTIAN
  A nadie, bueno, antes, un poco a Abraham. Ya no.

PROFA
  Lo siento.

CRISTIAN
  Sí. Él me daba buenos consejos.

PROFA
  ¿Cómo?

CRISTIAN
  Cuando estaba mal.

PROFA
  ¿Qué te decía?

CRISTIAN
  Que preguntara a TikTok.

PROFA
¿Cómo?

Entra el PROFE DE PSICOLOGÍA.

Cinco días después.
La PROFA DE HISTORIA *delante de un ordenador, en reunión online.*

PROFA DE HISTORIA
Si estamos todos, o casi todos, podemos empezar, sería bueno que estuviéramos todos, es un problema de todos, no es ni mío, ni vuestro, ni de los alumnos, es un problema general, hemos perdido a uno de nuestros alumnos, un chaval de 18 años recién cumplidos, a nadie le apetece conectarse un jueves a las 16.30 de la tarde a una reunión *online*, conectarse no significa estar atento, todos lo hemos hecho alguna vez, conectarnos y seguir nuestra vida sin atender, esta vez es distinto, no es una reunión, es un grito, algo tenemos que hacer, nuestros chavales llevan en la mano un arma de destrucción masiva que explota cada vez que entran en las redes.

Se oye un pitido.

PROFA
Alguien ha levantado la mano, eres tú Joaquín, dime.

JOAQUÍN
Pienso que esto es un problema personal, familiar, y que es la familia la que tiene que moverse…

PROFA
Nosotros éramos su familia también, Joaquín, pasaba más tiempo con nosotros que con sus padres, a su padre

casi ni lo conocía y con su madre, después de todo el día currando, no tenía oportunidad de hablar…

Se oye otro pitido.

PROFA
Dinos, Irene…

IRENE
Su verdadera familia era el móvil, ese chaval estaba todo el día con la mirada metida en la pantalla, como un burro con anteojeras.

PROFA
Ese es el problema, que ni nosotros ni su madre fuimos su familia.

IRENE
Y qué hacemos nosotros, no podemos hacer nada.

PROFA
Sí podemos. Se va a desatar una epidemia y no tenemos una respuesta.

IRENE
Esto nos sobrepasa.

PROFA
Algo se puede hacer.

IRENE
Yo prohibía los móviles.

PROFA
Es demasiado tarde.

IRENE
¿Entonces?

PROFA
Una demanda colectiva a esas empresas que permiten que circulen en sus entrañas ese tipo de contenidos.

IRENE
Pero cómo, eso es imposible.

PROFA
He hablado con la asociación de padres y madres, nos dan su apoyo, he hablado con las pocas asociaciones que hay en el barrio de Abraham, nos dan su apoyo, solo falta que los profes apoyemos la demanda para darle curso, me estoy encargando de coordinar todo.

JOAQUÍN
Eso es un lío.

PROFA
No, es trabajo.

JOAQUÍN
En nombre del instituto doy mi voto, como persona individual, como Joaquín, no.

PROFA
Haríamos más fuerza con los nombres de cada uno.

IRENE
Irene González Medina, ya tienes el mío.

PROFA
Lidia Pavón Pérez, ya somos dos.

JOAQUÍN
    Yo ya lo he dicho, y no soy el único.

PROFA
    ¿Es el único? Os pregunto a vosotros, compañeros y com-
    pañeras…

    Diez días después.
    PROFESORA DE HISTORIA *y* CRISTIAN, *solos.*

PROFA
    Quiero que escribas algo para la causa.

CRISTIAN
    ¿Yo? No sé.

PROFA
    Sí, sabes, yo te ayudo.

CRISTIAN
    De verdad que no.

PROFA
    En las tareas veo que tienes habilidades escribiendo.

CRISTIAN
    Es ChatGPT.

PROFA
    Ah, pues en esto no te va a hacer falta.

CRISTIAN
    Por eso, no voy a saber.

PROFA
    Tienes que escribir sobre tu amigo, eso no sabe contestar-
    lo ChatGPT.

CRISTIAN
Quizá sí, ¿se lo preguntamos?

PROFA
A ver.

CRISTIAN
O mejor a Grok 3, que es mejor.

PROFA
No sé qué es.

CRISTIAN
Espera… *(Hurga en el móvil.)* Mira lo que ha respondido.

PROFA
(Lee en la pantalla.) ¿Ves?

CRISTIAN
Ha contestado bien.

PROFA
Pero sin corazón.

CRISTIAN
No puedo hacerlo, tuve yo la culpa.

PROFA
¿Qué?

CRISTIAN
Lo que oye. Soy el culpable.

PROFA
No tienes la culpa.

CRISTIAN
Sí, fui yo el que provocó que Abraham mirara eso en TikTok.

Un día antes.

CRISTIAN
No aguanto más.

ABRAHAM
¿Qué te pasa?

CRISTIAN
Tengo un butrón en el pecho.

ABRAHAM
¿Un qué?

CRISTIAN
Un roto.

ABRAHAM
Yo también, todos.

CRISTIAN
Ya no puedo.

ABRAHAM
Pero me aguanto.

CRISTIAN
Qué hago si me quiero ir a tomar por culo ya.

ABRAHAM
¿Irte del todo?

CRISTIAN
Mismo.

ABRAHAM
Búscalo en TikTok.

CRISTIAN
Es verdad.

SPEEDRUN

Rubén Mayo

Dormitorio en la más absoluta oscuridad, salvo por unas sombras que se proyectan sobre la pared. Son niños que juegan en la calle.
A un lado, un escritorio con un PC, dos pantallas, teclado, ratón, joystick y un sillón de gamer. Alrededor, ropa tirada por el suelo y la cama deshecha.

1

«*Yo soy imbécil. Sí, porque a lo mejor me pensaba que la vida era ir a clase, luego quedar con los colegas, salir los findes, ligar con la tía que te gusta. Y así siempre.*
No lo entiendo. Porque yo he visto a gente pasarlo muy mal, una vez, cuando tenía 13 años, vi a un muerto en el arcén de una carretera.
Pero, no sé, como que pensaba que eso no me pasaría a mí, ni a mi familia, ni a la gente de mi entorno».
«*No es que lo pensara racionalmente. No estoy tan flipado. Pero, al mismo tiempo… sí*».
«*Como si yo fuese un espectador y la película fuese con otros*».

2

*Llaman a la puerta. Silencio. Nadie abre. Al otro lado, se
cansan de esperar y se marchan.*
Un móvil vibra. Es una notificación.
Alguien golpea el móvil para que se calle. Es LUCAS.
*Se levanta de la cama, se despereza, y se sienta junto a su
mesa, activa el aro de luz y la cam.*

LUCAS

¡¡¡Gentuza!!! Aquí LUX17, vuestro hermano, ¿qué tal,
peñita? Hoy toca *unboxing* épico de esta figurita manga
que me ha costado un puto riñón, *brooo*. Pero mirad esto,
mirad el detalle. Anda, está rota. Pero… O sea, DENJI
está roto, pero roto en plan pro. No como esos NPCs que
te encuentras en el LOL y no reaccionan ni aunque les
bailes en la cara. O como mi vecino, que siempre dice
«Buenos días» como si fuera un bot. Dale like si conoces a
alguien así. Ayúdame a hacer… ¡Algo épico!

*El móvil vuelve a vibrar. Otro mensaje: «Tío, hace una
semana que no te vemos. ¿Vas a venir hoy o qué? Habrá
cañas y tipas».* LUCAS *lo mira, pero le da la vuelta al móvil.*

LUCAS

Vale, vale, vale, mirad esto. Chavales, os tengo que contar otra legendaria. ¡Hay un tío en TikTok que se hace
pasar por NPC y la gente le paga para que diga cosas tipo
«¡Oh, ice cream is so good!». ¿Cuánto dinero creéis que
saca? Miles. Yo aquí luchando como un perro para alcan-
zar el brillo y este tío cobrando por repetir frases como
un loro. ¿Qué hago con mi vida? ¡Decidme! ¿Me convier-
to en NPC? ¿Esto es el futuro? Dudas por aquí, dudas por
allá.

Vibración. Suena, como notificación, una risa de niño pequeño. LUCAS *sabe que es un mensaje de su padre: «Acuéstate ya, que mañana hay que estar en pie temprano. Ven vestido de negro, por favor».*
LUCAS *apaga la cámara y el anillo de luz. Le da la vuelta al móvil. Borra los mensajes anteriores.*
No sabe qué hacer. Duda. Vuelve a encender el aro de luz.

LUCAS

Me he propuesto hacer un *speedrun* del Elden Ring. ¿Objetivo? Derrotar a los más top. Eso sería chulísimo. Porque los retos son importantes en la vida, gente. Hay que seguir avanzando, sin mirar atrás nunca. ¿Parar? Jamás. Porque si paras, te matan. Si dudas, te matan. O te mueres.

Otro mensaje escrito: «No tienes que hablar si no quieres, pero ven».
El móvil boca abajo.
Beep. Mensaje.
Beep. Otro.
Beep. Otro, otro, otro, otro...
LUCAS *se tira a la cama. Se obliga a quedarse dormido.*
FUCK SYSTEM. LUX17 is off.

3

Suena «Bad Blood», de Taylor Swift. Es un mensaje de audio de LOLA, *seguro.*

LOLA

Oye, tipejo, ¿Qué tal por tu *baticueva*? Me ha extrañado mucho no verte esta noche. Le he preguntado a Martín por ti, pero no me ha querido contar nada. Y me he *quedao* un poco preocupada. Tú ya sabes cómo soy. ¿Va todo bien? Mira que a mí no me puedes engañar, eh. Que te conozco como si te hubiera parido, perro.

La voz del mensaje se ríe, aunque poco.

LOLA
Llámame cuando escuches esto, porfi. Que me he quedado preocupada. Te quiero, amigo.

4

LUCAS, *sentado en la cama, observa el mensaje de su amiga. Tiene el dedo a punto de pulsar el aviso de la pantalla. Pero no se decide. Sombras de la calle se proyectan a través de su ventana sobre él. Es una familia que espera a un coche, parece. Él los mira durante un momento.*
Abre las redes. Scroll vertical. «Aquí de fiesta, cabrones... ¡¡¡Viva la puta vida!!!». Scroll vertical «Despierta a las cinco de la mañana y reinarás». Scroll vertical. «Cómo ligar con esa tía inalcanzable en menos de diez minutos».

Scroll de izquierda a derecha. El móvil abre, por error, la galería de fotos de LUCAS.

El parque de María Luisa, junio del 2019. Su padre les hace una foto, lo sabemos por su sombra alargada. Él, sentado junto a su madre, le da de comer a una paloma. Ambos ríen. La foto está desenfocada, pero LUCAS *no puede evitar fijarse en su expresión. Ese adolescente que no sabía nada.*

5

Sombras, sombras proyectadas en la pared. Se alargan y alcanzan la cabeza de LUCAS *que no para de dar vueltas en la cama. Un grupo pasa cantando «español, español, español...»*

como cada viernes. LUCAS *se vuelve a desvelar. Se recuesta. Sobre su cuerpo y su rostro se proyectan las sombras de los muchachos que pasan junto a la farola.*
Se sienta frente a su mesa. Activa el PC, enciende el aro de luz. Pulsa para grabar.

LUX17

Chavales, ¿qué tal por ahí? Seguro que hay más de uno contactado a esta hora. No me falléis, cerdos. Hoy me apetece hablar sobre el gym y mi dieta hiperproteica. ¿Nos hacemos *online* una sesión de entreno de pectorales y bíceps? ¿Y luego un buen batido de proteínas? Si me decís más de cien que lo haga, yo me pongo. La clave es estar siempre a *topísimo.* No hay tiempo para dramas, ni para damas, ni para pensar, para nada. En esta vida o corres o te pisan.
¿Cómo? ¿Que si no tengo huevos a ganarte a hacer flexiones? Espera y sujétame el cubata, chaval.

6

Beep, beep, beeep. «Macho macho man» como notificación. Es de MARTÍN. *«Tío, ¿es verdad que ha muerto tu madre? ¿Es verdad que mañana es el entierro? ¿Por qué cojones no me has contado nada, tío? ¿Por eso hace una semana que no sabemos nada de ti? Estoy muy enfadado contigo. ¿Por qué cuando te pasa algo nunca me lo quieres contar? Voy a pensar que no somos amigos,* LUCAS. *Y una mierda, chaval. Lo somos. ¿Es verdad o no lo de tu madre? ¡Que me respondas!».*

7

LUX17 *coloca el móvil a ras de suelo. Comprueba que entra dentro del plano.*

Lux17

Me va a retar un flipado a hacer flexiones. ¡A mí! ¡A ver cuántas puedes hacer tú, flipado!

Una flexión. Dos flexiones. Tres, cuatro, diez, quince...
«Pensé que a la gente como yo no les pasaban esas cosas. Y sí que les pasan. Sí que nos pasan esas cosas».

Alguien por el chat de su canal: «No me vas a ganar, matao de mierda. Subamos a doscientas».

Veinte flexiones. Veintiuna, veintidós, veintitrés... Le duele el hombro derecho.

«Pensé que mis padres se morirían de viejos. Mi yo con trece años creía que los vería cada día hasta que fueran viejos. Que me iría a estudiar fuera, y que después regresaría y les visitaría cuando quisiera».

Sombras, siluetas sobre la pared. Son dos.

Treinta y tres, treinta y cuatro... Le cuesta respirar. Ahora le duele el hombro izquierdo.

«Pensé que tenía todo el tiempo del mundo. Que las desgracias no le suceden a un chaval de 17 años. Porque yo pensaba que las desgracias le sucedían a los demás».

Cincuent...

Cae agotado. No se puede mover del suelo.

8

Alguien enciende la luz del techo. Son Lola *y* Martín.

LOLA *sube la persiana y abre la ventana. La luz de la maña-*
na inunda la habitación.
MARTÍN *levanta a* LUCAS *del suelo.*

LUCAS
¿Qué hacéis aquí?

MARTÍN
Vamos a ir contigo.

LUCAS
¿Adónde?

LOLA
Lucas, por favor…

LUCAS
¿Qué?

LOLA
Vamos a ir contigo al entierro de tu madre.

LUCAS
¿Cómo? No, no, no… iros…

MARTÍN
No.

LOLA
Jamás.

LUCAS
Que me dejéis en paz. Que os metáis en vuestra puta
vida. Joder…

LUCAS *se suelta de su amigo, pero se encuentra con la mirada de* LOLA, *que acaba abrazándole.* MARTÍN *también abraza a su amigo. Y* LUCAS *se resiste al principio, solo al principio, porque su cuerpo cede poco a poco al calor, cede poco a poco al dolor. Y cuando comienza a dejarse ir, se aferra con las manos como garras a la ropa de sus amigos, para asirse…*

… para no irse a la mierda.

Fin.

Una séptima

Susana Mercado

Aula de instituto. El público sentado frente a la pizarra, pero al fondo de la clase. Tiene una perspectiva completa del aula y verá a los alumnos de espaldas durante la escena, menos los momentos en que se den la vuelta para romper la cuarta pared.

Hay dos alumnas sentadas: una muy recta en su silla. La otra recostada, su mochila encima de la mesa. Distantes entre sí. Entra un chico, arrastra los pies, trae los cascos puestos, mira a su alrededor, suspira, se sienta, separado de ambas.

Entra la Profe *con una caja que pone en la mesa. Mira su reloj y escribe: hora de finalización: 15:20. Deja la tiza y se sienta.*

ALAN
¿Y qué hora es?

PROFE
Las dos y media.

ISA
Si nos devuelves el móvil podemos ir viendo la hora.

147

PROFE

Claro, estáis aquí castigados por utilizar el móvil en clase, pero yo cojo y te lo doy durante el castigo. Muy coherente.

ALAN

Lo que no es coherente es la norma esa. A ver por qué no puedo mirar mi móvil para saber qué hora es.

PROFE

Para saber la hora existen relojes.

ISA

Sí, claro, me compro un reloj también. Pudiendo mirarlo en el móvil.

PROFE

Pero es que no puedes. Ahí está el tema. En el instituto, nada de móviles.

NOA

Al menos podían poner relojes que funcionaran en las clases, profe.

PROFE *mira el reloj que hay sobre la pizarra; está parado.*

PROFE

Eso es verdad.

Entra MARIO *masticando chicle.* ISA *se gira en su silla y queda sentada hacia el público. Rompe cuarta pared.*

ISA

Lo que me faltaba… Compartir castigo con él. Iba a ser perfecto: viernes en el parque, su grupo, mi grupo y de repente me acercaría y saludaría así, como quien no quiere la cosa, como a quien le da igual, pero le miraría de reojo mientras llego al banco con mis amigas y él se daría cuenta… Ya todo lo de después iría sobre ruedas, tomar algo de risas y lo que surgiera. Pero no… un miércoles a séptima hora, castigados. No debería ser así… Lo tengo todo planificado. Si pudiera hablar con él y contarle lo que siento…

Se gira de nuevo. MARIO *ha ocupado su sitio.*

PROFE
Mario, llegas tarde.

MARIO
No tengo móvil. No sé qué hora es.

PROFE
Otro con la hora…

NOA
Si funcionaran los relojes de las aulas.

PROFE
Que sí, Noa, mañana pido pilas. Tenéis una habilidad para echar balones fuera…

MARIO
¿Y eso qué quiere decir?

PROFE
Sacad algo que hacer. Y antes de que digáis que no tenéis nada, os voy avisando: al que no tenga nada, le pongo yo a analizar oraciones y por lo menos le sacamos partido a tener que estar aquí hasta las tres de la tarde.

NOA
Y veinte.

NOA *se da la vuelta. Rompe cuarta pared.*

NOA
Yo nunca me meto en líos. Estoy segura de que el profe habría hecho la vista gorda y no me habría puesto una séptima de no ser porque también vio a Alan con el móvil y no podía castigarlo a él y no a mí. Solo estaba mirando la hora... Calculando cuánto tiempo tendría para preparar el examen de mañana sin faltar a baile. No quiero darles la razón aceptando que abarco más de lo que puedo. Tengo que sacar las mismas notas, preparar la exhibición, terminar la investigación de ciencias. Necesito mis tapones, subrayadores y post-it... No puedo estudiar aquí. Si pudiera explicarle a todos que no necesito sacar dieces ni necesito ser perfecta... solo feliz.

NOA *vuelve a girarse y queda de nuevo de espaldas al público.*

MARIO
¿Puedo ir al baño?

PROFE
No.

ALAN
¿Y yo?

PROFE
Eh... No. Nadie va al baño ni a ningún sitio hasta las tres y veinte.

ALAN
Menuda mierda.

PROFE

Habértelo pensado antes de sacar el móvil en clase.

ALAN

Esto parece una cárcel.

PROFE

Habértelo pensado.

ALAN

Antes de sacar el móvil. Ya lo sé.

ALAN *se gira hacia el público.*

ALAN

Si salgo a las tres y veinte y pillo el bus, igual consigo llegar a casa antes que mi madre. Voy a ir justo, pero igual tengo suerte... Lo malo es que no me da tiempo a preparar comida. Entre semana me encargo yo y cuando ella llega a las tres y media, se lo encuentra hecho. Que hago arroz blanco, huevo, macarrones, pizza o un filete. No me saques de ahí. Pero yo sé que ella está orgullosa de que lo haga y prefiere comer eso que cualquier otra cosa. Aunque se me queme, que a veces pasa. Aunque los macarrones se me queden pegados porque me distraigo con el Instagram, también me pasa a veces. Pero hoy no me va a dar tiempo... Debería decírselo, ella cree que lo hago por obligación, pero no es así: me gusta encargarme de la comida ahora que estamos los dos solos. Debería explicarle que me he acostumbrado a esperarla y comer juntos y es una rutina que me gusta. Debería estar cogiendo el bus.

Se gira de nuevo hacia la pizarra.

MARIO

Profe, ¿puedo ir al baño?

PROFE

Que no, Mario, que no puedes.

MARIO *se gira al público.*

MARIO

Pues a ver qué hago. Porque tengo dos opciones. O me levanto y salgo sabiendo que me va a suponer otras cuantas séptimas o me quedo sentado e intento que se me pasen las ganas de mear. Sé que estaréis pensando que tengo otra opción que es explicarle lo que me pasa. No está dentro de mis posibilidades. Porque yo soy Mario y ningún profe se creerá lo que cuente. La fama me precede así que ahora solo puedo ser el chungo que pasa de las normas o intentar pasar desapercibido y aguantar hasta las tres y veinte arriesgándome a ser el hazme reír delante de estos que lo contarán y adiós a mi vida. Creo que está claro lo que tengo que hacer, ¿no?

MARIO *se levanta y camina hacia la puerta.*

PROFE

Mario, te he dicho que no puedes salir, si lo haces tendrá consecuencias. No lo puedo dejar pasar. ¿Tienes alguna urgencia como para salir?

MARIO

Pues claro que no, pero si quiero ir al baño pues voy y punto.

PROFE *camina al fondo de la clase y rompe cuarta pared.*

Profe

Cada día cuesta más que te hagan caso. Es tan fácil distraerse teniendo el móvil a mano. Incluso a mí me cuesta no mirarlo… Intentamos dejar lo del móvil «si se hace buen uso»; ¿cuándo se sobrepasa la línea? Noa estaría mirando la hora, Isa usando la cámara como espejo, puede que Alan mandando algún whatsapp. Y Mario… Mario no sabe cómo explicar todo lo que le pasa y por qué necesita desafiar constantemente, porque ya está ahí y no sabe salir de ese rol; puede que simplemente escuchara música. Quién sabe. Es la norma así que todos ellos, los cuatro, una séptima y todo el día sin el móvil. Yo: su tutora. Pues castigada con ellos. Me encantaría ponerme en el centro de la clase y decírselo todo. ¿Y si lo hiciera?

Se coloca en el centro y habla a los alumnos.

Profe

No somos tan distintos vosotros y yo. Todos tenemos que cumplir normas. Ya sean sociales, laborales… Estamos condicionados por lo que dicen o piensan los demás. ¿Sabéis en qué nos parecemos mucho? En que lo único que tenemos es miedo a expresarnos, a decir lo que pensamos. Yo tengo miedo a deciros a vosotros que también meto la pata, que también miro el móvil, que también estoy muchas veces en desacuerdo con las normas aunque tenga que cumplirlas igualmente.

Noa

(Se levanta.) Pues yo tengo miedo a decirle a los profes que me da igual sacar un aprobado justito, lo que me importa es seguir bailando y haciendo lo que me gusta.

Alan

(Se levanta.) Yo debería decirle a mi madre que voy a

estar con ella, que juntos podemos con todo y que yo no voy a fallarle aunque mi padre ya no esté.

ISA

(*Se pone de pie.*) A mí me asusta decirle a Mario que me muero de ganas de salir con él.

MARIO

(*Animado por* ISA, *se levanta.*) Pues yo quiero ser capaz de reconocer que tengo muchas debilidades y que muy a menudo necesito ayuda, aunque no la pida.

Todos se miran, en silencio niegan; van sentándose hasta recuperar la situación anterior como si no hubiera sucedido.

PROFE

Quedan diez minutos…

ISA

¿Y?

PROFE

¿Y si hablamos?

NOA

¿De qué vamos a hablar profe?

ALAN

Otra charla de para qué están las normas y las consecuencias de no cumplirlas… ¿A qué sí?

PROFE

Más bien pensaba que habláramos de lo que tenemos en común.

MARIO
No tenemos nada en común.

La PROFE *les acerca la caja y se la tiende para que vayan cogiendo sus móviles.*

PROFE
Yo creo que sí...

Fundido.

Pasos de cebra

Laura Molpeceres

En un banco de un parque, IRENE, 16, se seca las lágrimas.
En sus manos un ramo de rosas.
Llega SONIA, 16, y se sienta junto a ella.

SONIA
  Ey, Irene, ¿qué te pasa?

IRENE
  Es Iván.

SONIA
  No me lo digas, tía. Te ha dejado.

IRENE
¿Qué dices?

SONIA
Te ha puesto los cuernos.

IRENE
No va por ahí.

SONIA
Ve porno y quiere que_

IRENE
Deja de montarte películas, Sonia. Iván se lo curra mucho conmigo. Es perfecto. Has visto que estas rosas me las ha regalado delante de todo el insti.

SONIA
Pues justo por eso. Se siente fatal.

IRENE *le mira mal. Pausa.*

SONIA
Vale, no va por ahí. Es perfecto. ¿Entonces?

IRENE
Voy a dejarle.

SONIA
¿Por?

IRENE
Porque estoy muy pillada por él.

SONIA *le mira sin entender.*

IRENE

Cuando me ha regalado las rosas casi me muero de la emoción. Es que solo quiero estar con él, tía. Cuando le espero, me pongo nerviosísima, en plan, me falta el aire. Siento que es mi otra mitad, que sin él nada tiene sentido, que es el hombre de mi vida, literal, que me ahogo si_

SONIA

Vale, vale, lo capto. ¿Por qué no me lo has contado antes?

IRENE

Me daba vergüenza. Y cada día la movida va a más.

Silencio.

SONIA

¿Qué haces cuando le llamas, no te coge, y tampoco te devuelve la llamada?

IRENE

Llamar a Raúl, el colega con el que está siempre. Él me informa de dónde está Iván y qué hace.

SONIA

¿En serio?

IRENE

Es que no quiero que Iván piense que soy una novia tóxica.

SONIA

¿Y Raúl se presta a eso?

IRENE

Le pago. Es nuestro secreto.

SONIA
¿Y si Raúl tampoco te coge?

IRENE
Le vuelvo a llamar.

SONIA
¿Cuántas veces seguidas has llegado a llamar a Raúl?

IRENE
Cinco.

>SONIA *la mira incrédula.*

IRENE
Quizá ocho…

>SONIA *la mira aún más incrédula.*

IRENE
¡Quince! Es mi tope, lo juro. Es que pienso que Iván está con otra.

SONIA
Vale, apoyo cien por cien que le dejes.

>IRENE *le da un abrazo.*

IRENE
¡Gracias por comprenderme!

SONIA
Pero tienes que controlar esos celos, tía.

IRENE
¿Y cómo lo hago? No tengo pasta para pagarme una terapia.

SONIA

Empieza por los pasos de cebra. Me he fijado en lo que haces cuando llegas a uno que no tiene semáforo.

IRENE

Lo que hago es pasar. Como todo el mundo.

SONIA

Tú, antes de pasar, das las gracias al conductor que ha parado. Eso no lo hace todo el mundo.

IRENE

Hay que ser agradecida.

SONIA

Y después pasas corriendo.

IRENE

Para no hacerle esperar, encima de que ha parado.

SONIA

Ha parado porque tú tienes prioridad.

IRENE

Pues eso, ha parado.

SONIA

Irene, eres mi mejor amiga, así que te lo voy a decir sin rodeos: vas por la vida pidiendo perdón por existir. ¡Tienes que dejar de hacerlo!

IRENE

¿Existir?

SONIA

¡Pedir perdón!

IRENE

Vale, vale, menos mal. *(Pausa.)* Si cambio mi actitud en los pasos de cebra... ¿Crees que en el futuro podré volver con Iván?

SONIA

No.

IRENE

A lo mejor puedes pensar la respuesta un poco más.

SONIA

Pero sí creo que habrás dado un gran paso para mejorar tu estima.

IRENE *toma aire y se queda pensativa.*

IRENE

¿Sabes qué...? ¡Que a tope con los pasos de cebra! *(Se pone en pie y pasea de un lado a otro motivándose.)* Voy a empezar a no dar las gracias, ¡que les den a los conductores!

SONIA

A lo mejor tampoco hace falta ser tan radical. Puedes agradecer de vez en cuando.

IRENE

Si me pongo, voy a saco. Nada de agradecer. ¡Y sin remordimientos!

SONIA

Me parece bien.

IRENE

Y después, pienso tomarme mi tiempo y andar por el paso de cebra a mi ritmo, caminando a paso normal.

SONIA

O un poco más lento de lo normal.

IRENE

¡Eso! O un poco más lento... *(Música de victoria tipo Rocky Balboa.)* Voy a disfrutar cada paso sin pensar en que un conductor estresado desea desesperadamente que yo me esfume de su vista para arrancar a toda velocidad. Quien tenga que esperar dos segundos más, o tres... ¡o los que sean! *(Ceremoniosa.)* Que espere.

SONIA *se pone en pie y se lanza a aplaudir efusivamente.*

SONIA

¡Así se habla! ¡Cuenta conmigo para lo que necesites!

IRENE

¡Lo voy a conseguir como que me llamo Irene! *(Pausa.)* Lo voy a conseguir, ¿verdad?

SONIA

No tengo ninguna duda. Eso sí, cuanto antes empieces, mejor.

IRENE

Vale. Primero voy a dejar a Iván. *(Le llama al móvil. Se escuchan varios tonos. No le coge. Nerviosa, fuerza una sonrisa y cuelga.)* Ya me devolverá la llamada cuando pueda. *(Suena su móvil.)* ¡Gracias a dios! *(Descuelga.)* Iván, ¿cómo lo tienes para quedar ahora? (...) Genial. Pues nos vemos ahí en quince minutos. *(Cuelga.)* No me lo puedo creer, Sonia. Voy a dejar al hombre de mi vida.

SONIA

¿Te espero aquí y me cuentas?

IRENE

Por favor.

> SONIA *hace un gesto de ánimo a* IRENE.
> IRENE *se marcha.*
> SONIA *se sienta en el banco, junto a las rosas, y las huele.*
> *Saca un libro de su bolso y lee.*
> *Lee en diferentes posturas.*
> *Paso de tiempo.*
> *Aparece* IRENE, *derrotada, y se sienta junto a ella.*

IRENE

Ha ido fatal, tía.

> SONIA *guarda el libro.*

SONIA

Lógico. Le ha pillado por sorpresa.

IRENE

No veas su mosqueo. Me ha dicho que a él no lo deja nadie. Que, en todo caso, es él quien corta conmigo.

SONIA

Pues menos mal que era perfecto.

IRENE

Y que tenga muy claro que él no se ha enamorado de mí, que si estaba conmigo era por pena.

SONIA

Claro, por eso te ha regalado las rosas.

IRENE

Y mira. *(Le muestra el móvil.)* ¡Veinte llamadas perdidas de

él en menos de tres minutos! *(Suena el móvil de nuevo.)*
Veintiuna. *(Cuelga.)*

SONIA

    ¿Y eso?

IRENE

    Me empezó a insultar y me marché dejándole con la palabra en la boca.

SONIA

    Y a él nadie le deja con la palabra en la boca. ¿Verdad?

IRENE

    Exacto.

SONIA

    Lo siento mucho, tía.

    SONIA *le da un abrazo.*

IRENE

    Menos mal que estás aquí.

    Suena el móvil de SONIA.

SONIA

    Es Iván.

IRENE

    Sabe que estoy contigo y quiere que tú me transmitas sus insultos.

    Suena el móvil de IRENE.

SONIA
No me lo digas... ¿Raúl?

IRENE *asiente.*

IRENE
Ya le ha contado Iván.

Ambas se miran, asienten, y cuelgan a la vez.

SONIA
Te invito a un helado.

IRENE *sonríe. Se incorporan y comienzan a caminar.*
Las rosas se quedan en el banco.

IRENE
Me he dado cuenta de que tenía idealizado a Iván. Por eso dejé pasar algunos detalles raros que tuvo conmigo.

SONIA
Yo también idealizo. Creo que nos pasa un poco a todos.

IRENE *sonríe y hace otro gesto cariñoso a su amiga.*
Llegan a un paso de cebra.
IRENE *agradece con la mano al conductor que se ha detenido.*
SONIA *la mira con cara de circunstancias.*

IRENE
Empiezo mañana, lo prometo.

IRENE *recorre el paso de cebra a toda velocidad mientras* SONIA, *inmóvil, permanece en su sitio.*
Una BOCINA *se queja de que* SONIA *no se mueva.*
SONIA *salta sobre la primera franja blanca del paso. Se toma*

unos segundos y salta hasta la segunda franja. Respira hondo y vuelve a saltar a la tercera franja. Así hasta que llega al centro del paso de cebra y se detiene. Sonríe a IRENE.
IRENE, *desde el otro extremo, la mira inquieta.*

IRENE
¿Qué haces?

SONIA *comienza a bailar.*
Se escucha una melodía.
SONIA *baila al ritmo de la música. Con gestos, invita a* IRENE *a sumarse a ella.*
IRENE *niega. Amaga con marcharse, pero no acaba de decidirse.*
SONIA *insiste en que* IRENE *la acompañe.*
Una BOCINA *pita. Parece que es en reproche, pero de pronto comienza a hacer los coros a la música.*
IRENE, *sorprendida, titubea. Finalmente da un salto a la primera franja blanca.*
SONIA *asiente entusiasmada.*
Se escucha otra BOCINA *que invita a* IRENE *a que avance hacia* SONIA.
IRENE *continúa saltando de franja en franja hasta que llega junto a su amiga y le sonríe.*
Comienza a bailar con ella al son de la música mientras varias BOCINAS *las corean.*
Un VIANDANTE *ve las rosas, las huele y se las lleva.*
Ellas continúan bailando.

Fin.

L.I.B.R.O.S.

(LIGA INTERNACIONAL BRIGADISTA REVOLUCIONARIA contra la OSCURIDAD por la SABIDURÍA)

Majo Moreno

Dormitorio de dos camas de 90. Predomina la blancura, potenciada por la luz potente que proviene de un lateral. Suponemos que es una ventana.

RAFI
O se lo dices tú o lo digo yo.

MÓNICA
No me hagas esto.

RAFI
Ahora no te hagas la víctima.

MÓNICA
Tiene una explicación.

RAFI
Claro que la tiene.

MÓNICA
Pero yo no…

RAFI
¿Llegó volando a tu mochila?

MÓNICA
(Titubeando.) No me deeejas con tanta... presión…

RAFI
Ahora la culpa es mía…

MÓNICA
A ver... es que no puedo contarte todo…

RAFI
A ver cómo se lo cuentas a papá y a mamá.

MÓNICA
No, por favor.

RAFI
¡Qué decepción! Es que jamás lo habría pensado de ti.

MÓNICA
Rafi…

RAFI
Y te deshaces de eso ya. No es una sugerencia. Es una orden.

MÓNICA
¿Y quién eres tú para...?

RAFI
Soy tu hermana mayor.

> RAFI empieza a llamar a gritos a su MADRE. Acude la mujer, presurosa, en pijama.

MADRE

(Gritando de lejos.) Yaaa, ya voy. *(Entra en la habitación.)* Por Dios, hija. ¡Los vecinos! ¿Qué pasa?

RAFI

Ven, ven, mamá, vas a flipar.

RAFI *conduce a su madre al armario y le muestra algo.*

MADRE

(Dando un salto para atrás, muy compungida.) ¿Qué es esto?

RAFI

Es bastante evidente, mamá.

MADRE

¿Es vuestro?

RAFI

Mío no. *(Señalando a* MÓNICA.*)* Es de ella.

MÓNICA

Puedo explicar...

MADRE

(Interrumpiendo.) No, no, noooo, ay, Dios mío...

MÓNICA

Mamá, por favor, déjame...

MADRE

No puede ser...

MÓNICA

Yo...

MADRE

¡Qué fuerte! No nos merecemos esto.

RAFI

Claro que no, mamá.

MADRE

Os hemos consentido todo.

RAFI

A mí no me metas. Que si no llega a ser por mí, ni nos enteramos.

MADRE

(Señalando a MÓNICA.*)* Es que no me puedo creer. Toda la vida…

MÓNICA

Mamá, no saques las cosas de contexto.

MADRE

Toooda la vida luchando por vosotras, ¿y así nos lo pagáis?

RAFI

¡Y dale! Que a mí no me metas.

MADRE

Si alguien lo descubre, ¿tú eres consciente de lo que puede pasar, niñata descerebrada? Cuando lo sepa tu padre…

MÓNICA

No, por favor, no se lo digas.

MADRE

Claro que se lo voy a decir. Ahora mismo. ¡¡¡JUAAAAN!!! ¡Ven aquí ahora mismo! ¡A la habitación de las niñas!

PADRE OFF
Estoy afeitándome.

MADRE
Ven ahora mismo. ¡Es importante!

Aparece el PADRE *con espuma de afeitar en la barbilla.*

PADRE
¡¡Ni afeitarse tranquilo puede uno ya!! ¿Qué pasa, nena?

MADRE
¿Que qué pasa? Mira ahí.

PADRE
¿Dónde?

MADRE
En el armario. Detrás de la ropa.

El PADRE *introduce la cabeza en el armario. Emite un grito agudo.*

PADRE
¿Me podéis explicar esto?

RAFI
(Señalando a su hermana.) Que te lo explique ella.

MÓNICA
¡Chivata!

MADRE
Tu hija, mira lo que ha hecho tu hija.

PADRE

(*Con la mirada fija en* MÓNICA.) ¿Y? ¿No tienes nada que decir?

MÓNICA

Yo quiero…

PADRE

¿No se te cae la cara de vergüenza?

MÓNICA

Que entendáis…

PADRE

Toooda la vida luchando.

MADRE

Eso. Toda la vida luchando.

PADRE

¡Por ellas!

RAFI

Que a mí no…

MADRE

Les hemos dado los mejores dispositivos, las mejores pantallas, las mejores plataformas, ¿o no? (MÓNICA *no contesta.*) ¿Es así o no es así?

PADRE

Eso.

MADRE

¿Y así nos lo pagan?

PADRE
Traicionando nuestra confianza.

MADRE
Estás castigada.

PADRE
Por supuesto.

Los PADRES *esperan su reacción.* MÓNICA *se mantiene cabizbaja, pero firme. Ninguna lágrima asoma a su rostro.*

MADRE
¿Te da igual o qué? ¿Tan poco te importamos?

MÓNICA
No, de verdad.

MADRE
¡Qué decepción más grande! Yo pensaba que...

PADRE
(Dirigiéndose al armario.) ¡Vamos a destruir eso…

MADRE
No, no, Juan, tú no cojas eso. Que lo haga ella. No manches tus manos.

PADRE
Eso. Coge eso ahora mismo y destrúyelo.

MÓNICA
Es que…

PADRE
¡¡Ya!!

MÓNICA *introduce su cabeza y sus brazos en el armario y de la oscuridad extrae un libro. Lo porta con mucha delicadeza. Al mismo tiempo, la* MADRE *ha salido y ha vuelto a entrar con un soplete.*

MADRE
Suéltalo en el suelo. ¡Vamos!

MÓNICA
No, por favor.

MADRE
¡Y encima llora! ¿Pero qué hemos hecho nosotros para merecer esto? ¿Qué? *(Se lo arrebata y lo lanza al suelo con odio, mientras presiona el soplete.)* ¡Nada más que sacrificarnos por ellas, eso!

Apenas asoma la llama azul grisácea por la punta, llegan los ecos lejanos de un zumbido irreconocible. Diferentes tonos que van tomando forma: las hélices de unos helicópteros blandiendo el aire, voces lejanas de gente. Sonidos de megáfonos mezclados con bocinas. MÓNICA *le echa una ojeada a su reloj inteligente, mira rápidamente a su hermana y a su* MADRE *y se quita la sudadera que lleva. En la camiseta que lleva reza la siguiente frase: LA REVOLUCIÓN CULTURAL HA LLEGADO. L.I.B.R.O.S. (Liga Internacional Brigadista Revolucionaria contra la Oscuridad y por la Sabiduría) con un logo. La* MADRE *la mira atónita.*

MADRE
Esto es lo último que me quedaba por ver.

RAFI
Pero, Mónica, ¿tú?

MADRE

¡Ay, hija mía! *(Abraza a* RAFI.*)* Encima una hija terrorista.

MÓNICA

Rafi, mamá, papá, lo siento. Os quiero.

> *La madre llora muy dramática, haciendo muchos aspavientos.* MÓNICA *se marcha. Hojas de libros empiezan a caer del cielo mezcladas con libros completos. Miles y miles voces se apoderan del espacio hasta hacerse completamente inteligibles y conquistar los tímpanos de todo el mundo. «¡¡Recuperemos la cultura!!». «Juventudes brigadistas revolucionarias». «La oscuridad no pasará».*

AQUELLOS OJOS TUYOS DE 1910

Sebastián Moreno

Aquellos ojos míos de mil novecientos diez no vieron enterrar a los muertos,
ni la feria de ceniza del que llora por la madrugada,
ni el corazón que tiembla arrinconado como un caballito de mar.
Federico García Lorca

En un cielo de estrellas de los que ya no hay…
Dolores la Colorina, remendándole las costuras a una nube.
¡Que nada la distraiga, que le ha costado mucho ensartar la aguja!
Como siempre que cosía, se imagina un remolino de niños y niñas
alrededor preguntándole cosas.

179

DOLORES LA COLORINA[1]

No me preguntéis más. Yo no sé nada. Ni sé cuándo nací ni sé cuándo morí. ¿Por qué os hace tanta gracia? ¿Por qué os gustan tanto mis historias? Si no sé leer ni escribir… A coser sí aprendí, sí. Y a cuidaros… Y a hacer sopa para veinte con una patata y una cebolla. Sé muy pocas cosas. Y las que sé me las callo. Y las que no sé me las invento. Me las maravillo pa' que las mentiras parezcan verdad, y las desgracias lo parezcan menos. No hay nada que no pueda olvidarse… Del olvido al no me acuerdo y tiro por que me toca. El problema viene cuando no se olvidan las cosas. El olvido es otra forma de libertad. He aprendido a olvidar todo lo que sé, aquí ya no me hace falta. Y no… tampoco sé ni me acuerdo dónde está el niño…

Columpiándose en un cuarto de luna menguante afilada como un cuchillo aparece Federico.

FEDERICO

Dolores… no mientas… ¡que siempre te ha gustado mucho engatusar! ¡Estoy aquí! ¡Aquí! ¡Aquí! ¡Aquí!

Y tres vueltas de campana sobre la misma luna clara. ¡Qué mareo![2]

DOLORES LA COLORINA

¡Federico! ¿De dónde sales? ¡No me vayas a dejar mal! ¿Dónde estabas? ¿De dónde vienes? Va, dímelo, va.

FEDERICO

De la Alhambra, del sendero, de la madrugá… ¡Qué importa de dónde vienes si no tienes donde llegar!

---

[1] Una de las criadas de los García Lorca.
[2] Mientras escribo el texto celebro la posibilidad de que pueda ser interpretado por títeres.

DOLORES LA COLORINA

Niño, no me marees con tus trabalenguas, que ya sabes que no sé sumar.

FEDERICO

Dolores, la Colorina, «se ha vuelto una rosa fina, orgullosa y perfumá…». Ay, que esa copla es de otro… Y ya sabes que no soy un niño… ¿O eso también se te ha olvidado?

DOLORES LA COLORINA

¿No me habrás estado escuchando…?

> FEDERICO *se ríe colgándose como un tirabuzón, arañando la luna como el que araña las cuerdas de una guitarra.*

DOLORES LA COLORINA

¿Qué vienes tan contento? ¿Qué tienes en la mirá?

FEDERICO

¿Y tú qué sabes? ¿Qué quieres saber? ¿Qué te crees, que yo aquí no me he olvidado de muchas cosas?

DOLORES LA COLORINA

El amor es lo único que no se pué' olvidar… No hay termostato pa' eso.

FEDERICO

¡Qué gran verdad de azahares embelesados, has dicho, Dolores! Que mienta si no es esa la verdad más verdadera e importante que hay en el mundo… Aunque un sol de alacranes me queme las sienes. 3 No hay termostato pa' eso. Amén.

DOLORES LA COLORINA

¿Sabes de qué no me olvido?

FEDERICO
No irás a contarlo aquí…

DOLORES LA COLORINA
¿Acaso no puedo? ¿Acaso es sordo el viento? ¿Acaso le guardas secretos al manto de nubes que abrazaba tu sueño…? No sé qué estará pasando ahí abajo, pero cada vez tenemos más calor, y cada vez necesito más hilo para estos arreglos…

Distraída acaba de pinchar a la nube con su última puntada, y la nube grita y escapa de un respingo.

FEDERICO
¿Acaso el alma se calla cuando llega la noche? No hay silencios, ni mentira, ni martirio, ni verdad, no hay enemigo en el mundo que pueda hacer a un corazón callar.

DOLORES LA COLORINA
Entraste con los ojos abiertos… Tendrías doce o trece años… Aquellos ojos tuyos de 1910…

FEDERICO
Vendría con el corazón rebosante de carbones encendíos… Me habría enamorado en el secarral… ¡Cuántas cosas me enseñaron la piel y el pulso años más tarde!

DOLORES LA COLORINA
Temblabas…

FEDERICO *se esconde avergonzado de repente usando el filo de la navaja que es la parte iluminada de la luna como santa trinchera.*

FEDERICO
¡Colorina!

DOLORES LA COLORINA

Te pusiste a escribir. Siempre que te ardía el pecho escribías… Siempre que te brillaban los ojos, escribías. Viniste a contármelo… No a tu madre, a mí. Flotabas. Deseabas saber más. Deseabas desnudarte y abrirte la piel…

FEDERICO

Eso te dije, sí… abrirme la piel como el que abre un abanico. Como el que pela una taronja. Como el que deja escapar al jilguero de su jaula. Como el que deja naufragar al tiempo sobre un velero, sobre un velero… Como el que siente miedo encañonado frente a la tapia…

DOLORES LA COLORINA

¡Federico! ¡No vuelvas a hablar de eso! Que las nubes se ponen tiernas y no tengo necesidad de coser más… Hay que aprender a olvidar, siempre lo dije, olvidar…

FEDERICO

¡Dolores, cómo voy a olvidar!

DOLORES LA COLORINA

Hay que olvidar. El olvido es otra forma de libertad.

FEDERICO

¡Dolores, cómo voy a olvidar! Si me arañaron la conciencia con un compás… Si me clavaron en una cruz de espinas afilás… Si me cegaron, encerrándome en un pozo sin alambrá… Si dejaron que una caterva de cuervos me mordiera los pies… Si incendiaron con gasolina todos los versos que aún no había inventado… Todas las canciones, todas las almas en busca de personajes, la libertá… ¿¡Cómo voy a olvidar!? ¿Cómo puede olvidar Graná? No hay cementerio pa' tanto escarnio. No hay lápida pa' tanto mal. No hay cicatriz para tanta sal. ¿¡Cómo voy a olvidar!?

Un silencio largo y oscuro, como de tanatorio.

Como tú dices… No hay termostato pa' eso.

Se le ha ido derritiendo una pajarita roja que llevaba al cuello, y aterriza en el suelo en forma de gota de sangre. Se vuelve gris, mimetizándose con la luna, como imitando a un camaleón.

DOLORES LA COLORINA
Siempre hablaste mejor que yo… Amén, niño, amén.

QUE EL ODIO NO TE INVADA

Teresa Ruiz Velasco

ALEX *y* DANI *están en la habitación del primero. Están mirando unas banderas españolas preconstitucionales que están encima de la cama, las cuales portan sobre el fondo rojo, amarillo, rojo, el águila de San Juan, símbolo utilizado por el Estado franquista durante el periodo 1945-1977.*

ALEX
¿Qué te parecen? Guapas, ¿eh?

DANI
(Acercándose a ellas.) ¿De dónde las has sacado?

ALEX
Las guardaba mi abuelo en el trastero.

DANI
Así huelen…

ALEX
Ya. El trastero tiene humedad. Las he sacado para que se ventilen un poco.

DANI

¡Vaya peste! ¿Y para qué las has sacado? ¿No son anti-
constitucionales?

ALEX

Pre, preconstitucionales. No son ilegales, chaval. Me lo
ha dicho mi hermano. Y son para la «manifa» del sábado.
Nos las ponemos así. *(Coge una bandera y se la coloca a
modo de chal.)* Con el pájaro en la «chepa», que se vea
bien. Después nos las quitamos.

DANI

Sí, quítatela, que me estás mareando. ¿Y para qué es la
«manifa»?

ALEX

(Quitándose la bandera.) Para lo que suelen ser las «mani-
fas», tío. Para protestar.

DANI

Ya, pero protestar ¿por qué?

ALEX

Por todo. Es en contra del Gobierno, contra Perrosanxe,
sobre todo.

DANI

A mí me cae bien.

ALEX

¿Qué dices, tío? Si está todo fatal. No tienes ni idea.

DANI

Mi madre dice que no lo están haciendo mal.

ALEX

Tu madre es zurda.

DANI

De eso nada. Escribe con la derecha.

ALEX

¿Lo ves cómo no tienes ni idea? Zurda... (DANI *no comprende.*) Milei... (*Sigue sin entender.*) Zurda, de izquierdas.

DANI

Ah, sí. Un poco.

ALEX

Y feminista.

DANI

¿Y eso es malo?

ALEX

Lo peor que puede ser una chica.

DANI

No veo por qué. Yo estoy de acuerdo con que deben tener los mismos derechos que los chicos. La misma igualdad.

ALEX

Y los tienen. De hecho, tienen más. Ahora están en contra de los hombres.

DANI

Eso te lo ha dicho tu hermano, que siempre está con lo del veneno que utilizan muchas mujeres para matar a los hombres. Lo cierto es que matan a muchas.

ALEX

Hay que ir a los datos, tío. Y los datos son que, ante la ley somos iguales, pero si uno mata a una mujer es un femicidio y tiene una pena más grande que si uno mata a un hombre. Eso, chaval, es discriminación.

DANI

Deberías dejar de creerte todo lo que dice tu hermano.

ALEX

Le creo porque tiene razón. Si es que, ahora, no te puedes acercar a una tía. Mi padre me ha dicho que antes, si te gustaba una, salías con ella y ni se le ocurría irse con las amigas sin consultártelo a ti.

DANI

Lo dices por lo que te pasó con Jenni, ¿verdad? Te ha dejado por eso.

ALEX

Me ha dejado porque están muy subiditas con el temita del espacio personal.

DANI

Le quitaste el móvil y le estuviste mirando sus mensajes.

ALEX

¿Y eso es para que me denuncie al jefe de estudios? Sólo quería ver con quién se estaba «wasapeando». Por si me estaba poniendo los cuernos con otro.

DANI

A mí no me gustaría que me miraran el móvil.

ALEX

Porque tú no tienes nada que esconder. ¿A que tu padre mira el móvil de tu madre?

DANI

No.

ALEX

Pues mi padre sí lo mira y dice que eso es lo que hacen las parejas que tienen confianza entre ellos. Si no confías en tu pareja a ver de quién te vas a fiar.

DANI

No es una cuestión de confianza, es una cuestión de respeto. ¿Y a tu madre le parece bien que lo haga?

ALEX

Mi madre dice que una cosa es la libertad y otra el libertinaje. Y que ya estamos perdiendo el norte.

DANI

Pues vale.

ALEX

La Jenni no merece la pena, creo que es bollera.

DANI

¡Claro! Y salía contigo para disimular.

ALEX

Muy moderna de boquilla, eso es lo que es... pues no me llamó «machirulo» delante de todos... a mí, que la aguantaba todo... menuda feminazi...

DANI

Entonces la «manifa» es en contra de las feministas...

ALEX

Ya te he dicho que es en contra de todo. ¿A ver quién le

está dando alas a las feminazis, a los homosexuales, a los trans, a los inmigrantes…?

DANI

A ver si lo adivino ¿Perrosanxe?

ALEX

Tío, si hasta ha puesto un Ministerio de Igualdad para las nenas.

DANI

(Con ironía.) ¡Ah! ¿No te has enterado? Me ha dicho mi madre, que ya sabes que es de UGT, que va a hacer un Ministerio de Inmigrantes y Okupas y va a poner al frente a un tipo de Lavapiés que vino en una patera el año pasado.

ALEX

¡Ostras! ¡Qué fuerte! Espérate que se entere mi hermano. Le va a dar un jamacuco. El otro día me pasó un video en el que se veía cómo los moros estaban invadiendo España por Cádiz. No veas. Un montón de negros entrando como locos por Jerez de la Frontera. El efecto llamada de Perrosanxe. Mira, te lo voy a pasar para que lo veas.

DANI

Si eso fuera así, lo dirían en la televisión, en la radio… *(Mirando el video.)* Pero, tío, si esto es un bulo. Lo vimos en clase de informática. Ni son moros, como tú los llamas, ni sucedió en España.

ALEX

No es un bulo, me lo ha pasado mi hermano…

DANI

A tu hermano se la han metido doblada. Hay que informarse bien. No sólo en el TikTok.

ALEX

Sí, claro, en los medios afines al Gobierno, ¿no? Si tienen comprados los medios, no te puedes fiar de ellos ni decir nada que les moleste y eso, tío, es censura. Censura pura y dura. Es que hay tantas cosas… claro, tú como tienes una madre que es zurda y que está de acuerdo con el Gobierno haga lo que haga.

DANI

¡Venga, sí! ¡Informémonos todos en X diga lo que diga!

ALEX

Al menos hay libertad de expresión. ¿Sabes lo que necesita España?

DANI

Sorpréndeme.

ALEX

Un presidente como Milei.

DANI

Con una motosierra…

ALEX

Y de las grandes. *(Hace como si tuviera una en las manos.)* ¡Burruuuumm…! ¡A la mierda el Ministerio de la Mujer! ¿Para que necesitan un Ministerio las mujeres? ¡Ministerio del Hombre, carajo!

DANI

Y si son hombres millonarios, mejor.

ALEX

¡Eso es! ¡Como Trump! Es de cajón, como tienen dinero

de sobra, no se dedican a quitárselo a los demás, como aquí. *(Vuelve a hacer la motosierra.)* ¡A la mierda corruptos, vagos y subvencionados!

DANI

Te olvidas de los inmigrantes.

ALEX

No, no se me olvidan, ahora iba a por ellos. ¡Burrrummm...! ¡Afuera inmigrantes! ¡Burrummm...! ¡España first! ¡Necesitamos un Trump! ¡Trump, Trump! *(Hace el bailecito del susodicho.)*

DANI

Su madre era escocesa, sus abuelos paternos inmigrantes alemanes y su mujer nació en Eslovenia. Y si nos ponemos exquisitos, también debería echar a Musk, es sudafricano.

ALEX

(Se para y se sienta en la cama.) ¡Vale! Capto tu ironía. *(Se queda pensando.)* Estarás conmigo que algo está cambiando en el mundo. La gente está votando a quien mira por su país. Mira en Alemania, la Alternativa está ya en segundo puesto. ¿O piensas que todo el mundo se equivoca?

DANI

Pienso que la gran mayoría quiere soluciones fáciles y rápidas y se olvidan de que esas soluciones fáciles y rápidas no les benefician a ellos. Es puro populismo. El populismo de los salvadores de la patria que sólo quieren estar en el poder por interés personal y ambición.

ALEX

Eso te lo han dicho tus padres zurdos.

DANI

Ellos me dicen que me informe bien, que pregunte y que no me deje manipular. Y, sobre todo, que no me crea a aquellos que dicen que lo malo está en los demás. Todos tenemos derecho a una educación, a una sanidad y a una vida digna.

ALEX

¡Amén! O sea que tú estás de acuerdo con los que vienen aquí a quitarte el trabajo, con las feministas y… ¡oye! ¿no serás también homosexual?

DANI

No, no lo soy, pero si lo fuera, ¿qué harías?

ALEX

Mi hermano dice que hay tratamientos para eso.

DANI

¡No es una enfermedad, bestia!

ALEX

No, en serio, ¿lo eres?

DANI

¿Sabes qué te digo? Que estás invadiendo mi espacio personal. Me voy a casa.

ALEX

Creo que no deberías ir a la «manifa» o si vienes, no digas todo lo que me estás diciendo. Te lo acepto porque eres mi amigo, pero si alguien te escucha…

DANI

No te preocupes. No pienso ir. No porque me lo digas tú

sino porque sé lo que representa todo esto. Las banderas… las mentiras…, deberías informarte más y mejor. No te permitas ser un ignorante y no dejes que el odio te invada. Está en tu mano.

Sale.

Cita con Olivia

David Salmerón

Un banco en un jardín lleno de flores.
Llega un chico. Se sienta. Espera.
Entra una chica. Duda. Se acerca.

OLIVIA
Hola. Iker, ¿verdad?

IKER
Sí, soy yo. Y tú serás Olivia.

OLIVIA
Sí, Olivia.

IKER
Pues hola, Olivia, ¿qué tal?

Hace un ademán torpe, como para saludarla con un beso.
Ella no se mueve y él queda en esa extraña posición a medio
camino.
Una leve incomodidad. OLIVIA, *para romper el hielo, señala*
el jardín.

OLIVIA

Oye, qué… qué chulo, ¿no?

IKER

Sí. ¿Te gusta el sitio?

OLIVIA

Me encanta. Qué currado.

IKER

Bueno, quería quedar bien. Ya que es la primera cita quería darte buena impresión.

OLIVIA

(Sonriendo.) Ya tengo buena impresión de ti, ¿eh? Que llevamos un montón de tiempo chateando.

IKER

Ya, pero no es lo mismo.

OLIVIA

Bueno, no sé, dice la gente que nuestra generación ya no hace diferencias entre lo virtual y lo real.

IKER

¿Eso quiere decir que es lo mismo un chat que un jardín?

OLIVIA

Más o menos, más o menos.

IKER

Pues si lo llego a saber…

Ríen. El ambiente se va relajando.

IKER

Bueno pues no sé… siéntate, ¿no?

OLIVIA

Claro, claro. Habrá que probarlo.

Se sientan ambos.

OLIVIA

Pues sí, ha quedado fenomenal.

IKER

¿Te gusta?

OLIVIA

Sí, sí, mira qué colores. Y el banco está genial. Y la farola y todo.

IKER

Pues eso es lo que menos mérito tiene, la verdad.

OLIVIA

¿Cómo que no tiene mérito?

IKER

Los objetos sólidos y de líneas claras son fáciles. Las flores ya son más complicadas, porque se mueven. Pero tampoco es difícil.

OLIVIA

Pues lo de las flores me parece muy meritorio. A mí me salen muy falsas. Bueno, y el agua ni te digo. Es complicadísimo. En clase no somos capaces.

IKER

En serio. A mí ni el agua ni las flores me dan mucho problema.

OLIVIA

Tienes que ser un empollón.

IKER

(*Sonriendo.*) Me defiendo… ¿Sabes lo que sí me cuesta? Los olores.

OLIVIA

¿Los olores?

IKER

Tú huele.

> OLIVIA *inspira profundamente.*

OLIVIA

Oh, qué chulada. ¿A qué huele?

IKER

(*Riendo.*) ¡Me has pillado! No lo sé.

OLIVIA

¿No lo sabes? Si no lo sabes tú que lo has puesto…

IKER

Claro que lo sé. Laurel, lila, dama de noche y… ¡gardenia! Eso es, gardenia.

OLIVIA

Pues entonces.

IKER

Pero no sé a qué huele exactamente cada cosa. Puse en el buscador «plantas aromáticas de jardín» y me salieron. Analicé su composición bioquímica, tuve en cuenta los posibles hongos y bacterias frecuentes en esas flores y lo introduje todo. El resultado: huele muy bien, pero no sé a qué.

OLIVIA

Pues estás quedando fatal, ¿eh? Un buen caballero nunca desvela sus trucos a una chica.

IKER

Siempre me ha gustado presumir de mis habilidades.

OLIVIA

(Con humor.) Bueno, bueno, te veo un poco subidillo, ¿eh?

IKER

¿Acaso conoces a alguien que lo haga mejor que yo?

OLIVIA

Mejor que tú, ¿el qué?

IKER

Pues esto, el jardín. ¿Qué va a ser?

OLIVIA

No sé. Nunca me habían hecho uno así que no puedo comparar.

IKER

¿Y te han hecho otras cosas?

OLIVIA

¡Oye! Qué mal suena eso.

IKER

¡No! Me refiero a si te han generado otros entornos. Otra gente. No sé. Tus amigos. Los de tu clase.

OLIVIA

¿Los de mi clase? Menudos inútiles. Si ya te digo que ni hacer líquidos sabemos. Bueno, pero no te lo pierdas: que aún hay muchos que de los textos no han pasado. Discursos te montan todos los que quieras, pero no les pidas generar un triste vídeo que no saben. Se quedaron anclados en el ChatGPT.

IKER

Qué gente más analfabeta. Y más antigua. ¡ChatGPT!

OLIVIA

Ya te digo. Pero, contestando a tu pregunta, no. Nadie me había invitado a salir a un jardín. ¿Te sientes importante?

IKER

Me siento afortunado. La próxima vez que quedemos te voy a generar una playa.

OLIVIA

(Riendo.) Ya veo por dónde vas.

IKER

¿Yo? No, yo no voy por ningún sitio.

OLIVIA

Tú lo que quieres es que yo aparezca en bañador.

IKER

¡No! De verdad que no. Si es por probar. Por probar a hacer una playa.

OLIVIA

¿Y tienes que quedar conmigo para hacer una playa?

IKER

¿Se te ocurre alguien mejor?

OLIVIA

Hombre, pues si de verdad quieres probar deberías quedar con alguien que sepa.

IKER

¿Con alguien que sepa qué?

OLIVIA

Que sepa cómo eran de verdad las playas. Y los jardines.

IKER

Ya lo sabemos. ¿No te he dicho que lo he sacado de la nube? Allí está todo.

OLIVIA

No está todo. Tú lo has dicho. Están los datos, los textos, las imágenes, los vídeos.

IKER

Suficiente para que la IA lo genere de maravilla.

OLIVIA

No sabes si lo genera de maravilla. No están los olores, por ejemplo.

IKER

Claro que están. Si es lo primero que te he enseñado.

OLIVIA

Pero no sabemos si son los reales.

IKER

Tampoco sabemos que no lo sean.

OLIVIA

Y otras cosas. El gusto, el tacto… ¡La temperatura! ¿Tú sabes cómo olía un jardín, cómo era el roce del viento en la piel? ¿Cómo era sentir la arena de la playa bajo los pies? ¿Tú lo sabes?

IKER

No, pero ¿qué más da cómo eran las cosas en realidad? Las disfrutamos y ya está. Tú misma lo has dicho antes.

OLIVIA

¿Qué he dicho?

IKER

Que nuestra generación no sabe distinguir lo virtual de lo real.

OLIVIA

Pero eso es una cosa y otra es que ya no exista lo real.

IKER

¿Esto era una cita o una clase de filosofía?

OLIVIA

(Riendo.) Una cita, una cita. No te asustes, hombre.

IKER

Ah, vale.

OLIVIA

Pero, fíjate, qué cita. Aquí estamos, aislados cada uno en nuestra habitación, conectados a un aparato que proyecta nuestros avatares en un jardín, o en una playa, o en una montaña nevada, dando gracias a la IA que los genera porque así olvidamos que ahí fuera no hay ni jardines ni playas ni montañas porque se las cargaron hace ya varias décadas y el aire de ahí fuera es irrespirable.

Pausa.

IKER

Madre mía, menuda depresión de cita.

OLIVIA

Menuda depresión de mundo, diría yo. *(Animando el tono.)* Pero, oye, de verdad: no te rayes. No me hagas caso. Son reflexiones mías. No te lo tomes como una crítica. Al contrario: me parece un detallazo que te hayas currado tanto la cita.

IKER

Vaya, pues gracias.

OLIVIA

Que sí. Que me ha hecho mucha ilusión quedar contigo en este jardín, que está chulísimo. Muy bien recreado. ¡Y huele de maravilla! Y además…

IKER

¿Además?

OLIVIA

Pues que además podemos quedar más veces si quieres. A ver qué tal te salen las playas, ¿no?

IKER

Sí, por mí no hay problema.

OLIVIA

Ni por mí tampoco. Y no me pondré a filosofar. Te lo prometo.

IKER
    Vale, vale.

OLIVIA
    Quedamos en eso. Cuando tengas generada la playa me avisas y conecto mi avatar. Y mientras seguimos chateando, ¿de acuerdo?

IKER
    De acuerdo.

    OLIVIA *se levanta.* IKER *también.*

OLIVIA
    Pues… nada. Un beso, ¿no?

    Se dan un casto beso de despedida en la mejilla.

OLIVIA
    Nos vemos.

IKER
    Venga, hasta luego.

    Sale OLIVIA. IKER *queda en silencio, pensativo.*
    Al poco escuchamos la voz de otro chico fuera de escena.

NACHO
    ¿Iker? ¿Iker, estás ahí? ¿Me oyes?

    IKER *reacciona.*

IKER
    Eh… sí. Estoy aquí, Nacho.

NACHO

Me conecto, entonces.

Por un lateral entra NACHO, *de la misma edad que* IKER.

NACHO

¡Bueno, el jardín te ha quedado genial! ¡Cada día te superas!

IKER

He mejorado lo del olor. ¿Lo notas?

NACHO

Sí, sí. Bueno, no tengo ni idea a qué huele, pero lo noto.

IKER

Se supone que a flores aunque…

NACHO

¿Aunque qué?

IKER

Aunque no tengo ni idea de cómo olían las flores.

Ambos ríen.

NACHO

Bueno, ¿y ella qué tal? Cuenta.

IKER

Bah, nada. Sigo sin dar con el «prompt» adecuado. O sea, físicamente me salen bastante bien, y dialogando también se defienden. Podrían pasar por seres humanos perfectamente.

NACHO

¿Pero…?

IKER

Pero son demasiado conscientes de sí mismas. Esta me ha soltado una chapa sobre lo virtual y lo real que no te puedes imaginar.

NACHO

Es que no deja de ser una IA. Normal que le interesen esos temas.

IKER

Pues no me ha gustado. A esta la descarto. Ya he borrado los datos. Meteré unos nuevos.

NACHO

Es cuestión de paciencia. Con las mujeres hay que tener paciencia. Incluso con las virtuales. Bueno, me salgo.

IKER

Espera. Dime un nombre con «P».

NACHO

¿Con «P»?

IKER

Sí, con «P». Esta era Olivia. La siguiente tiene que empezar por «P». Hay que respetar el orden.

NACHO

Pues no sé… Paula. O Pilar.

IKER

Paula. Ese está bien.

Pausa.

IKER

Pues comenzamos. Nombre de archivo: Cita con Paula.

Rompecabezas

Susana Sánchez

Para mi hija Julieta, por su valor, idealismo y espíritu de justicia.
Gracias a los cientos de adolescentes de Barajas
cuyos testimonios han inspirado este grito de auxilio.

Collage dramático basado en historias reales contadas por adolescentes.

Coro

AL QUE BUSCA LA BELLEZA
NO LE IMPORTAN TUS RAREZAS
TODOS TENEMOS DESTREZAS
ESTÁ EN TU NATURALEZA
LA VERDAD ES TU RIQUEZA
DEMUESTRA TU FORTALEZA
PARA COLOCAR LAS PIEZAS
ROMPE TU ROMPECABEZAS

ESCENA ACOSADOS

Uno

¡Espabila! ¡Si te acosan, espabila!
No soy así, no quiero movidas.
Todos saben las mentiras.
Alimentado la ira.
Meten mierda en mi mochila.
El profe que ve y no mira.

Mi amigo que se las pira.
Todos gritando:

CORO
¡Pringado, espabila, espabila, espabila!

¿Tengo que volverme monstruo
para seguir con mi vida?

OTRO
Otra vez me empujaron,
mi ojos en la arena.
Esta vez me tiraron
por las escaleras.
Y reventó mi cara,
peor que un bofetón.
Y me rompí dos dientes
contra el último escalón.
Dientes sin vida, boca de sangre.
¿Sabes quién lloraba más que yo?
La niña que me empujó.

ESCENA MOTES

¡Cara chirla! ¡Cara wáter!
¡Cara alfombra! ¡Cara cráter!
Se han reído de mi nombre
me han llamado muchos motes,
los que no les digo yo
aunque motivos me sobren.
Amigotes ocurrentes que nada bueno se inventan.
No se miran al espejo porque si se ven, revientan.
No es gracioso, ni de lejos, reírse de una desgracia.
Te digo sin diplomacia,
tus chistes te han delatado:

CORO
    Cuando la broma hace daño
    eres tú el desgraciado.

ESCENA VIOLENTOS

Soy de mecha corta, a la mínima salto.
Hay uno rarito que me está buscando.
No me ha hecho nada, es hasta majo,
pero solo con verlo ya quiero matarlo.
Ni mucho ni poco, no se junta con nadie.
Y la gente de clase, si le humillo, me aplaude.
Tanto me jalean, tanto me animan,
que le parto la cara solo por mirarme.

CORO
    ¿Y todos los testigos que reían divertidos?
    ¿Y todos los colegas que tanto me alentaron?
    ¿No les pasa nada y solo a mí me expulsaron?

ESCENA PADRES

Mi padre me quiere bien, si soy perfecto.
Aunque pocas veces me demuestra su afecto.
Para él solo existo cuando triunfo como bestia,
si solo soy normal le resulto una molestia.
Mi padre así me educó:
«Mejor ser malo
cuanto más grande la hostia
más grande será el regalo».
Que pegue hasta ganar, que nunca huya.

CORO
    ¡¡¡Para que llore mi madre que llore la tuya!!!

Pero al final lloro solo igual, sin que me vea papá
si a los chicos no nos dejan llorar
algún día vamos a reventar.

CORO

Perro que muerde, perro que ladre.
¿Por qué tiene que llorar ninguna madre?

REDES ANTISOCIALES

CHICO

Me pillaron por grabarlo,
cómo se pegaban otros.
Yo creo que no es para tanto
pero mientras yo grababa,
otro me grabó grabando.

CHICA

Me pillaron por grabarme,
por mandar fotos al novio
y cuando quise dejarle
el cabrón las compartió
reenviadas por extraños.

CHICO

El video se hizo viral
la pelea y yo animando.
Un mes me han expulsado
Pero sigo difamando.

CHICA

El video se hizo viral
mis encantos publicados
un millón de vistas, bro,
un millón me está juzgando.

LOS DOS
    Estoy dentro de una red,
    red de peces naufragando.

CORO
    Miedo, barro, triste, malo,
    roto, solo, desolado.
    Agobiando al desquiciado.
    Desquiciando al golpeado.
    Golpeando al agobiado.

DESPEDIDA

En un pueblo de aquí al lado,
hace meses, no hace un año,
un chaval ya no aguanta tanto insulto
por su cara, por su ropa, por sus gustos.
En su casa, mal lo pasa,
todo el sistema fracasa.
Nada va bien, está solo,
la vida le sobrepasa.
Publica su despedida: baja autoestima.
Y al final nos habla a todos,
No nos juzga y es sincero:

CORO
    «Que nadie sufra con esto
    porque yo no quiero que nadie sufra por mí.
    Solo quiero que sepáis que os quiero».

    Años atrás, años antes,
    ese chico fue mi amigo
    ya nunca voy a olvidarlo,
    si pudiera ir para atrás,
    solo con abrazarlo,

tal vez, solo tal vez,
habría podido salvarlo.

CORO

¡Basta! ¡Frena! ¡Limpia! ¡Para!
Calma. Habla. Grita. Sana.
El que lo cuenta, aliviado.
Busca a algún aliado,
quizás un adulto bueno,
mejor entre compañeros.
Escapa del agujero.
Cuéntaselo al mundo entero
que TÚ ya no tienes miedo.

Mírame las orejas

Fernando Sánchez Calvo

Dedicado a Hafssa y a Alaa, quienes me regalaron sus nombres de verdad para esta ficción verdadera.

Personajes: Profesor, María, Borja, Isma, Rafa, Hafssa y Alaa. Otros alumnos *que no intervendrán completan el paisanaje sentados en sus pupitres.*

> *Aula de instituto. Alumnos de Primero de Bachillerato esperan al profesor para hacer un examen de final de trimestre. Este llega corriendo de otra clase.*

Profesor

De acuerdo. ¿Estamos todos? Empezamos, que luego no da tiempo. Ya sabéis: solo boli negro o azul para contestar; estuches al suelo; apuntes dentro de la mochila, no en la cajonera; libres las muñecas de cualquier tipo de reloj, os pongo yo el crono en la pizarra; si queréis una botella de agua encima de la mesa, podéis, pero transparente. ¿Todos ya? Borja, ¿ya? Rafa, el estuche al suelo, dije, o en la mochila. Perfecto. Entrego el examen. (*Con eficacia funcionarial reparte todas las hojas.*) Podéis empezar (*Mirando su reloj.*)… ya.

María

(*Levantando la mano.*) Profe.

PROFESOR
María.

MARÍA
Las orejas.

PROFESOR
Las orejas.

MARÍA
(Llevándose el dedo al oído.) Sí. Las orejas.

PROFESOR
De acuerdo. Las orejas. A ver: ya sabéis que por motivos morales…

MARÍA
Porque copiáis en el examen.

PROFESOR
Y además también por una razón de protocolo…

MARÍA
Y porque yo no me voy a tirar un finde entero estudiando en mi casa para que luego vosotras, gracias al pinganillo, saquéis la misma nota que yo.

HAFSSA, *en primera fila, se da la vuelta y mira fijamente a* MARÍA.

PROFESOR
Mientras hacéis el examen, uno por uno y sin molestaros, voy a miraros las orejas. Es decisión del claustro tras los últimos… acontecimientos. Tengo que miraros las orejas.

El PROFESOR *comienza el escrutinio entre el alumnado mientras estos comienzan a escribir. Llega a los últimos pupitres, donde está* RAFA, *con un gorro de lana;* ISMA, *con el pelo suelto y* BORJA, *con una gorra de béisbol.*

PROFESOR
Rafa, te tienes que quitar el gorro.

RAFA
Tengo frío, profe.

PROFESOR
Tengo que mirarte las orejas.

RAFA
Si no voy a escribir ni mi nombre.

PROFESOR
Quítate el gorro, por favor.

RAFA *obedece.*

PROFESOR
Isma, el pelo.

ISMA
¿Qué le ocurre a mi pelo?

PROFESOR
Que te lo recojas.

ISMA
Profe, yo no tengo pinganillo. Y aunque lo tuviera, ni lo verías. Ya los hacen del tamaño de una lenteja.

PROFESOR

Con la linterna del móvil algo se verá. (*Activa el móvil en modo linterna.*)

ISMA

¿Puedo volver a soltármelo o me lo dejo recogido?

PROFESOR

Mejor así durante el examen. Borja.

BORJA

¿Qué pasa, profe?

PROFESOR

La gorra.

BORJA

La gorra no me tapa las orejas.

PROFESOR

Es cuestión de protocolo y también de reglamento. Ningún tipo de prenda puede cubrir la cabeza.

BORJA

Pero ¿por qué?

PROFESOR

Por educación.

BORJA

Si yo no te he insultado, profe.

PROFESOR

No vuelvas otra vez como el lunes, Borja. Llevo todo el curso pidiéndote que te quites la gorra. ¿Voy yo con gorra?

BORJA
Llévala si quieres, profe. A mí no me molesta.

PROFESOR
No voy a llevarla.

ISMA
¿Por qué?

PROFESOR
Porque no podemos ir como queramos.

RAFA
Pero ¿por qué?

PROFESOR
Por educación, por seguridad, por respeto.

BORJA
¿Y ellas?

PROFESOR
¿Quiénes?

BORJA
(Señalando a HAFSSA *y* ALAA.*)* Ellas.

PROFESOR
Ellas tienen nombre.

BORJA
Y yo qué sé cómo se llaman si no son de mi grupo. ¿Por qué me tengo que quitar la gorra y ellas tienen que ir «así»?

HAFSSA
Se llama hiyab. O velo.

BORJA
Ya sé que es un velo.

ALAA
¿Y por qué no lo llamas velo?

BORJA
Porque si se me ocurre preguntar «¿Por qué ellas no se quitan el velo?» me mandan una semana para casa. Porque es como dice mi padre: ahora mismo las cosas en este país están de esta manera: que yo no puedo decir lo que quiera y tú sí puedes hacer un examen «así».

PROFESOR
Borja, el hiyab es un símbolo de identidad cultural, una manera de hacer comunidad fuera de su tierra.

BORJA
Y esta gorra también es un símbolo de identidad. (*Ante las risas de* HAFSSA.) ¿De qué te ríes?

HAFSSA
¿Tú haces comunidad con una gorra de los Yankees de Nueva York?

BORJA
La llevan mis amigos también.

HAFSSA
Y todas mis amigas vaqueros.

BORJA
Pues lleva tú vaqueros, pero quítate el velo.

PROFESOR
Basta ya los dos, por favor.

MARÍA
Tiene razón Borja, profe: todo puede ser un símbolo de identidad cultural. Y aparte, que no es justo en un examen de Bachillerato. Que nos jugamos una nota. Que yo me estoy matando para en año y medio entrar en un Doble Grado y a estas alegremente alguien les puede estar cantando el tema desde la calle.

ALAA
No tenemos ningún pinganillo.

MARÍA
Sí, sí… Igualito que Fátima en Historia.

ALAA
¡Y dale con Fátima otra vez! Que sí, que Fátima tenía un pinganillo debajo del velo, que Fátima es una gilipollas y una hipócrita y utilizó el velo para copiar, pero que cuántos no habéis copiado de otras maneras. Que estáis utilizando lo de copiar para no respetar nuestra cultura.

MARÍA
Pues enseñad las orejas al profe.

PROFESOR
Yo no puedo mirarles las orejas, ni el pelo, ni nada que cubra el velo.

HAFSSA
No es un hombre de mi familia.

MARÍA
Ni tampoco de la mía, y me ha mirado las orejas.

BORJA
Pues que se las mire una profesora.

PROFESOR

Hafssa, Alaa, ¿os parece bien que llame a una compañera y que de manera discreta…?

ALAA

Mírame tú las orejas si quieres, profe.

PROFESOR

¿Yo?

ALAA

Sí.

HAFSSA

A mí también, si crees que debes hacerlo.

PROFESOR

¿Seguro que no preferís que…?

HAFSSA

Que no profe: hazlo tú. *(A MARÍA, BORJA y los demás.)* Vosotros, daos la vuelta o agachad la cabeza.

> *Todos aceptan la orden. HAFSSA y ALAA despegan levemente el velo por ambos laterales de la cabeza. Primero por el lado izquierdo. Luego por el derecho. El PROFESOR se acerca con muchísimo respeto a ellas, como quien se sabe consciente y a la vez afortunado de ser el único al que se le permite un sacrilegio. Vacila unos segundos más, enciende la linterna del móvil y escruta los oídos de estas.*

PROFESOR

Pues todo el mundo está limpio. A hacer el examen.

MARÍA

(A HAFSSA.) ¿Ves? Y no ha pasado nada porque te mire.

No has dejado de ser pura ni has ofendido a tu familia, tranquila.

BORJA

Y en cuestión de respeto, se te va a respetar igual con velo que sin velo.

HAFSSA

(*Levantándose de su pupitre.*) Mira, María. Empecé a llevar velo con ocho años porque el imán de mi mezquita les dijo a mis padres que a ojos de los hombres que no fueran de mi casa yo ya era deseable. No me sentó ni mal ni bien. Me lo puse sin protestar, como un año antes se lo puso mi prima y dos años antes mi hermana. Desde los ocho años hasta ahora nunca he sabido si lo quería llevar o no, y ni siquiera ahora tengo claro si quiero llevarlo, pero no me vengas con que las moras —que por cierto, yo no soy de Marruecos— vamos de feministas pero luego somos más sumisas que ninguna, porque si algún día en este instituto prohibieran el velo, me lo comería y tragaría enterito para seguir en el sistema como ya hacemos con muchas cosas que vosotros ni veis con la excusa de que somos nosotras las que nos tenemos que adaptar. Yo solo me conformo con que entiendas que la gorra que lleva Borja es un puto capricho porque él no sabe nada de Nueva York, ni rinde cuentas con ella a sus orígenes. Yo con este hiyab, al menos, estoy rindiendo cuentas a mi tierra, la cual no piso desde hace dos años por culpa de gente que ha convertido mi religión en una enfermedad; pero sobre todo con este hiyab estoy rindiendo homenaje a mi abuela, que no se ponía el velo en su tierra porque no quería y que aquí se lo pone porque quiere. Y, Borja, respecto a que me vas a respetar igual con y sin velo, solo demuestra que no sabes absolutamente nada de mi cultura, porque con el acto de ponerme el hiyab la que te estoy mostrando respeto y modestia soy yo a ti, no tú a mí. Por cierto, vuestros nombres tienen más identidad cultural que esa gorra de los Yankees de Nueva York, porque Ismael significa «Dios escucha», Rafa significa «el sanador de Dios» y Borja significa «Torre»: todos son de herencia musulmana, por si no lo sabíais.

Se levanta ante la mirada atónita de todos.

HAFSSA

Y, por cierto: *(Enseñando los brazos.)* tenía el tema cinco enterito, enterito copiado aquí, en mis brazos, con henna. *(Sale de la clase dando un portazo. Vuelve a entrar a los cinco segundos.)* Y otra cosa. ¿Sabéis qué significa mi nombre, irónicamente?: «madre de los creyentes», porque Hafssa era la esposa de Muhammad, ese al que vosotros llamáis Mahoma. *(Da otro portazo. A los cinco segundos vuelve a entrar en clase.)* Y un último detalle, profe: María tiene la chuleta pegada con *blu-tack* en los bajos de la mesa. Lleva haciéndolo desde 1º de la ESO.

Cierra por última vez. Todo el mundo dentro de la clase permanece estupefacto. El PROFESOR *está mirando todavía a la puerta, como buscando a* HAFSSA *al otro lado de esta. Después mira a* ALAA, *quien opta por seguir con el examen. Después a* MARÍA, *quien hace que escribe en el papel para disimular su vergüenza.*

RAFA

Profe.

PROFESOR

(Todavía atónito.) ¿Qué quieres, Rafa?

RAFA

(Humilde.) Que yo tenía un papel con lo del teatro isabelino escondido en el gorro, pero al final no lo he usado porque no ha caído.

ISMA

Y yo tenía apuntadas las características del Petrarquismo en el coletero.

BORJA

(*Tirando con rabia la gorra al suelo.*) ¡Si es que encima tenía razón ella! ¡Esta gorra es una puñetera mierda! ¡Soy el único *loser* que no ha podido esconder la chuleta...!

Fin.

ÉLITE. TEMPORADA 138

José Ignacio Tofé

Todos los personajes visten la misma chaqueta y corbata, de un colegio privado.
CHICO NUEVO *está buscando su nueva clase. Tropieza con* CHICA AGOBIADA.

CHICO NUEVO
¡Hola! Perdona, soy nuevo en el Colegio las Encinas. Estoy disimulando porque soy pobre, y esto es un colegio de ricos. No se me nota. ¿No?

CHICA AGOBIADA
¡Déjame en paz! ¿No ves que estoy muy agobiada? ¡Por fin he averiguado quién le dio las pastillas a Rebeka, para tapar el asesinato de Ander, y que nadie descubra donde está enterrada Nadia!

CHICO NUEVO
No entiendo nada de lo que dices, pero me gustas. Me gustas mucho. ¡Eres muy guapa! Todos sois muy guapos aquí.

CHICA AGOBIADA
¡Déjame en paz! Tengo misterios que resolver y traumas

con mi madre. ¡Soy rica, pero estoy mal! ¡Estoy mal! ¡Déjame en paz!

Chica Agobiada se va. Entra CHIQUE.

CHIQUE
Está loca, pero me gusta. Tú también me gustas.

CHICO NUEVO
Tú a mí no, pero ¿podemos ser amigos?

CHIQUE
Ven a la fiesta de esta noche. Quizá sea tu amigo, quizá te presente a la Chica agobiada, o a lo mejor les digo a todos que sé que eres pobre.

CHIQUE *se va, entra* CHICO TENSO, *con dos amigos.*

CHICO TENSO
No me gusta tu cara. Creo que ocultas algo. ¿Has venido a este colegio a vender drogas?

CHICO NUEVO
No.

CHICO TENSO
¡Qué pena, porque me fumaría algo! Me caes mal, soy rico y estos dos amigos me siguen a todas partes y se ríen cuando yo lo digo. ¡Reid!

Los dos amigos se ríen y palmean la espalda de CHICO TENSO *con complicidad.*

CHICO TENSO
No quiero verte esta noche en la fiesta. ¡Piérdete!

CHICO TENSO *sale con sus dos amigos.*
Música y luces de fiesta. Entra CHIQUE *con* CHICA EXÓTICA.

CHIQUE
(A CHICA EXÓTICA.) ¿Qué te parece el nuevo bombón del colegio?

CHICO NUEVO
Hola.

CHICA EXÓTICA
(A CHICO NUEVO.) A mí también me gustas.

CHICO NUEVO *y* CHICA EXÓTICA *bailan sensualmente.*
CHIQUE *los graba con el teléfono móvil.*
Entra Chica AGOBIADA *y* Chico TENSO *seguido por sus dos amigos.*

CHICA AGOBIADA
(A CHICO NUEVO.) ¡No me esperaba esto de ti! ¡Creía que ibas en serio! ¡Creía que había algo entre nosotros!

CHICO TENSO *empuja a* CHICO NUEVO.

CHICO TENSO
¡Te dije que no vinieras a la fiesta!

CHIQUE
¡Déjalo en paz!

CHICO TENSO
¡No me amenaces!

CHIQUE
No olvides que tienes mucho que ocultar.

Tensión. CHICO TENSO *y* CHIQUE *se miran con intensidad.*
Los dos amigos de CHICO TENSO *se ríen.*

CHICO TENSO

¡Ahora no os tenéis que reír! ¡Vámonos!

CHICO TENSO *y sus dos amigos se van muy enfadados.*

CHICA EXÓTICA

Hace cinco segundos que no me enrollo con nadie nuevo.
¡Me aburro!

CHIQUE

Yo, cuando me aburro, me desnudo.

CHICA EXÓTICA

Buena idea. ¡Vamos a desnudarnos todos!

CHICO NUEVO

Vale, me desnudo, porque me quiero integrar. No quiero
que se note que no soy rico y los ricos os desnudáis todo
el rato, así que me desnudo. Pero antes, quiero que sepáis
que no soy gay.

CHIQUE

Yo sí, pero ya no me gustas.

CHICO NUEVO

Te gustaba hace dos páginas.

CHIQUE

¡Hace dos páginas! ¡Eso es una eternidad!

CHICA EXÓTICA

(A CHIQUE.*)* ¿Tú te sientes hombre o mujer?

CHIQUE
  ¿Hoy qué día es?

CHICA EXÓTICA
  Miércoles.

CHIQUE
  Los miércoles soy... Lo tengo que mirar en la agenda.
  (Mirando su agenda en el móvil.) Si es miércoles... hoy me
  siento mujer. *(A* CHICA EXÓTICA.*)* ¿Nos besamos?

CHICA EXÓTICA
  Hoy me siento heterosexual.

CHICO NUEVO
  Yo soy bisexual, indeciso y curioso.

CHICA EXÓTICA
  Vaya lío.

CHICO NUEVO
  Un poco, pero cuando estoy durmiendo lo llevo bien.

CHICA EXÓTICA
  Entonces llámame cuando estés dormido y… dormimos
  juntos.

    CHICA EXÓTICA *se va.*

CHIQUE
  (Con complicidad.) Quiere dormir contigo ¡Enhorabuena!

CHICO NUEVO
  Como soy indeciso no sé si me gusta.

    Entra CHICA AGOBIADA.

CHICA AGOBIADA

¡Todos sois felices menos yo! ¡Soy rica pero infeliz! ¡Me voy a drogar!

CHICO NUEVO

La droga no te hará más feliz.

CHICA AGOBIADA

¡Qué más da! ¡Soy tan infeliz! ¡No os dais cuenta de que la policía está a punto de llegar!

CHICO NUEVO

¿La policía?

Entra CHICO TENSO *con sus dos amigos. Empuja a* CHICO NUEVO.

CHICO NUEVO

La policía lo sabe todo. No vas a poder seguir ocultando que eres el hijo de...

CHIQUE *cae el suelo.*

CHICA AGOBIADA

¡Le has matado!

CHICO TENSO

¡No le he tocado!

CHICA AGOBIADA

Le has matado. ¡Igual que mataste a Nadia!

CHICO TENSO

¡No he matado a nadie!

CHICO NUEVO
A nadie no, a Nadia.

CHICO TENSO
¡Que yo no he matado a nadie y tampoco a Nadia!

Entra CHICA EXÓTICA.

CHICA EXÓTICA
¿Quién es nadie?

CHICO NUEVO
Nadie es nadie.

CHICA AGOBIADA
Si no mataste a Nadia, ¿cómo explicas esto?

Le muestra a CHICO TENSO *un vídeo en su teléfono móvil.*

CHICO TENSO
Esa noche me acosté con Ander.

CHIQUE
¿Te acostaste con Ander?

CHICO NUEVO
¿Tú no estabas muerto?

CHIQUE
No estoy muerto y lo he grabado todo.

CHICA AGOBIADA
Te acostaste con Ander y luego le mataste.

CHICO TENSO
¡No he matado a nadie!

CHICA EXÓTICA

(Llorando.) Echo tanto de menos a nadie.

CHICO NUEVO *abraza a* CHICA EXÓTICA.

CHICO NUEVO

No sé quién es nadie y no entiendo nada, pero te voy a consolar.

CHICA AGOBIADA

¿No os dais cuenta? Ander le estaba encubriendo porque la noche que murió Nadia, Ander vio como Samuel le daba las pastillas a Rebeka. Iván grabó todo, pero Yerai le pidió que borrara el vídeo porque estaba enamorada de Ander. Por eso, sé que Nadia está enterrada en... ¡¡¡Ahhhh!!!

Un piano cae sobre CHICA AGOBIADA. *¿La ha matado o está inconsciente?*

CHIQUE

¡Le ha caído un piano!

CHICO TENSO *abraza a* CHICA AGOBIADA.

CHICO TENSO

¡Termina la explicación! ¡Diles que yo no he matado a Nadia!

CHICA EXÓTICA

(Llorando.) Echo tanto de menos a nadie.

CHIQUE

Hay una partitura en el piano. ¡¡¡No puede ser!!! Este piano es de... ¡¡¡Ahhhh!!!

Una lancha motora atropella a CHIQUE.

CHICO TENSO
¡Le ha atropellado una lancha motora! ¿Cómo ha podido ocurrir?

CHICO NUEVO
Ha llovido mucho estos días.

CHICA EXÓTICA *golpea a* CHICO TENSO *que cae al suelo.*

CHICO TENSO
¡¡¡Ahhhh!!! ¿Por qué me matas?

CHICA EXÓTICA
Porque echo de menos a nadie.

CHICO TENSO
¡Qué yo no maté a nadie!

CHICA EXÓTICA *cae al suelo tosiendo y atragantándose.*

CHICA EXÓTICA
¡¡¡Ahhhh!!! ¡Creo que me han envenenado!

CHICO NUEVO
¡No os podéis morir todos! Yo acabo de llegar a esta serie. No sé quién es Nadia, ni Rebeka, ni Ander, ¡No sé quién es nadie!

CHICA EXÓTICA
¡Echo tanto de menos a nadie!

Suena música de fin de temporada. Algo similar a «Bitter sweet symphony» de The Verve.

CHICO NUEVO
Os podéis morir uno, o dos, o tres, ¡pero todos no! ¿Qué

va a pasar ahora? ¿Quién es nadie? ¡Dadme alguna pista! Y esta música que suena… ¡Esto no puede acabar así! ¡No entiendo nada! ¡Por favor! ¿Alguien me puede dar alguna pista?

> *Llega un mensaje al teléfono móvil de* CHICO NUEVO.
> *El mismo mensaje llega al teléfono móvil del resto de personajes que resucitan, y leen el mensaje con gran asombro.*

CHIQUE
　¡No puede ser!

CHICO TENSO
　¡Madre mía!

CHICA EXÓTICA
　¡Yo no me esperaba esto!

CHICA AGOBIADA
　¡Qué agobio!

> *Todos los personajes señalan al frente y contemplan, con expresiones de miedo y drama, algo indefinible que se les acerca. Se abrazan para apoyarse en este momento difícil.*

CHICO NUEVO
　¿Qué es eso que se acerca?

CHICO TENSO, CHICHE y CHICA EXÓTICA
　¡¡¡La temporada ciento treinta y nueve!!!

CHICA AGOBIADA
　¡¡¡Esto nunca terminará!!! ¡¡¡Estoy tan agobiada!!!

> *La música sube de volumen.*

Todos los personajes miran a la nueva temporada que se les acerca con expresiones de drama y miedo.

Oscuro final.